내일을 기다리는 아이

*일러두기

이 책에 나오는 민수와 민수 어머니 최화선 씨, 할아버지 손준규 사장, 민수가 어린이집에서 만난 친구 모두의 이름은 민수 부모님의 제안으로 가명 처리했습니다.

# 내일을 기다리는 아이

자폐스펙트럼 장애를 이겨낸 소년의
1000일의 희망의 기록

| 박랑규·안동현 지음 |

:: 차례 ::

추천사 \ 모범적 치료모델을 제공하다 · 8
프롤로그 \ 희망의 씨앗 · 9

## : 1장 :
## 자폐스펙트럼 장애 진단을 받다

마른하늘의 날벼락 · 16
절망의 선고, 베이징대학교 의과대학 부속병원 · 21
왜 내 아이에게 이런 일이 생긴 걸까? · 26
희망의 거리 2200km · 30
한중 최초 의료관광비자를 받다 · 37
불안과 희망의 갈림길 · 40
통합전문가회의의 첫 번째 주인공이 되다 · 46

## : 2장 :
## 희망의 날개, 통합 치료교육을 시작하다

장애를 부정할 수 없다면 받아들이라 · 52
약물치료, 득과 실로 저울질 하기 · 59
새로운 도전, 통합교육 어린이집에 들어가다 · 63
작은 변화에도 감사하라 · 72
참고 기다린 만큼 아이는 자란다 · 80

저항기, 더 큰 발전으로 가기 위한 디딤돌 • 89
따라 하기와 반응 살피기 • 96
언어의 문은 언제 열릴까? • 101
칭찬의 힘 • 108
아이의 눈으로 세상 바라보기 • 115

: 3장 :
# 민수, 문을 열고 세상으로 나오다

수영을 시작한 민수 • 122
제한설정, 놀이를 중단하다 • 128
세상에서 가장 소중한 보물 • 133
장애를 받아들이는 마지막 단계 • 138
아이의 세계가 넓어진 증거, 회상하기 • 143
때리는 것이 왜 나빠요? • 151
부모가 짊어진 선택의 무게 • 156
정서를 표현하고 인식하다 • 164
사회성을 기르는 역통합수업 • 169
내 이름은 이!민!수! • 175

## :4장:
## 더 큰 세상으로 나아가기 위한 한 걸음!

자폐스펙트럼 장애아동의 부모로 산다는 것 • 184
새로운 선생님 받아들이기 • 190
일반반으로 갈까, 통합반으로 갈까? • 195
질문에 답하기 시작하다 • 204
변화에 적응하는 능력 • 212
부모와 아이, 가장 소중한 애증관계 • 220
나무가 아닌 숲을 보라 • 228
민수는 수다쟁이 • 236
왜 나한테만 그래요? • 242
긍정적인 자아 형성의 중요성 • 248
졸업, 그리고 새로운 출발 • 252


에필로그 \ 오늘을 이해하고 내일을 기다리는 아이 • 258

안동현 교수와의 Q&A • 268

:부록:
# 전문가 코너

**전문가 코너 ❶** 장애를 받아들이는 단계 • 29
**전문가 코너 ❷** 왜 진단이 중요한가? • 36
**전문가 코너 ❸** 통합전문가회의 • 49
**전문가 코너 ❹** 자폐스펙트럼 장애에 대한 사회적 지원 • 58
**전문가 코너 ❺** 자폐스펙트럼 장애 약물치료의 원칙 • 62
**전문가 코너 ❻** 일반아동과 장애아동에 대한 통합교육의 효과 • 71
**전문가 코너 ❼** 음악치료의 목표 • 88
**전문가 코너 ❽** 놀이기술의 발달 • 100
**전문가 코너 ❾** 언어표현을 촉진하기 위한 방법 • 107
**전문가 코너 ❿** 자폐스펙트럼 장애아동의 편식 • 114
**전문가 코너 ⓫** 자폐스펙트럼 장애아동의 수면장애 • 127
**전문가 코너 ⓬** 치료적 제한설정 • 132
**전문가 코너 ⓭** 회상하기 • 150
**전문가 코너 ⓮** 치료기관 선정 • 163
**전문가 코너 ⓯** 역통합수업 • 174
**전문가 코너 ⓰** 초등학교 입학결정 • 201
**전문가 코너 ⓱** 아이의 능력을 객관적으로 평가하는 여러 가지 검사들 • 202
**전문가 코너 ⓲** 질문하기와 답하기 • 211
**전문가 코너 ⓳** 미술치료 • 219
**전문가 코너 ⓴** 응용행동분석ABA • 227
**전문가 코너 ㉑** 손톱 물어뜯기 • 235

: 추천사 :

# 모범적 치료모델을 제공하다

『내일을 기다리는 아이』는 다른 치료교육 사례와 몇 가지 차별점이 있다. 첫째, 관련 전문가들이 통합전문가회의를 통해 각자의 영역을 넘어 아동의 상태를 같이 점검하고 토론하여 통합적으로 치료계획을 세우고 실행하였다. 둘째, 사례회의나 기타 치료교육 활동에 어머니도 공동치료자로 직·간접적으로 참여하여 훈련하였다. 그동안 우리나라 자폐교육은 자기 분야의 치료기법이 최고이며 이것 하나면 충분하다고 주장하는 전문가들로 인해 부모에게 혼란을 주어왔던 것이 사실이다. 이 책은 이런 현실에 경종을 울리고 자폐스펙트럼 장애치료의 모범적 치료모델을 제공하고 있다. 또한 일상에서 자폐스펙트럼 장애아동과 가장 많은 시간을 보내는 사람이 부모라는 점을 고려해 부모를 치료팀의 일원으로 참여하게 한 점도 높이 살 일이다.

자폐스펙트럼 장애아동의 치료교육은 학제적 전문가들의 심층적·협조적·통합적 접근이 원칙이자 한국자폐학회의 설립취지이기도 하다. 자폐학회회장을 역임한 저자 박랑규, 안동현은 이 원칙을 실천하고 있다. 그 실천을 담은 이 책을 많은 분이 읽고 치료교육활동에 적극적으로 참조하기를 바란다.

홍강의(서울의대 명예교수, 한국자폐학회 초대회장)

: 프롤로그 :

# 희망의 씨앗

3년간의 오랜 치료를 끝내고 민수가 중국으로 돌아가기 전날, 나는 원장실에서 민수와 민수 어머니를 만났다.

"민수야, 이제 중국으로 가는 거 알아?"

"네"

민수는 고개를 푹 숙이며 서운한 목소리로 대답했다. 오랫동안 힘든 치료과정을 이겨낸 민수가 대견해서 나는 아이를 품에 꼭 안아 주었다. 예전의 민수는 작은 신체접촉만으로도 힘겨워했었는데, 그날은 헤어짐이 아쉬웠는지 내 품에 포근히 안겨왔다.

"민수야, 중국 가서도 잘해야 해!"

"네."

민수의 목소리에는 눈물이 가득 담겨 있었다. 헤어짐의 서운함과 아쉬움, 그 복잡하고 미묘한 정서를 민수가 표현하고 있는 것 같았다. 옆에서 지켜보던 민수의 어머니도 눈물을 흘렸다.

"이제 민수가 사람이 됐네요."
내 안에서도 뜨거운 무언가가 울컥 올라왔다.

중국에 사는 조선족인 민수가 아이코리아 아동발달교육연구원과 인연을 맺은 것은 3년 전의 일이다. 만 세 살이 되던 2008년, 중국 베이징대학교 의과대학 부속병원에서 자폐스펙트럼 장애 진단을 받은 민수는 전형적인 자폐스펙트럼 장애 특징을 모두 가지고 있었다(과거에는 '자폐성 장애'로 불렸던 진단명이 다양한 개인 차이를 보이는 장애의 특성상 현재 '자폐스펙트럼 장애'로 통용되고 있다).

민수는 말을 거의 하지 못했고 의미 없는 소리를 반복했으며 의자에 5분도 제대로 앉아 있지 못했다. 자폐스펙트럼 장애를 가지고 있는 아이는 다른 사람의 생각과 정서를 받아들이는 것에 관심이 없고 자신의 정서와 생각을 전달하는 데도 서툴다. 기초적인 의사소통 방법이라고 할 수 있는 눈맞춤을 하지 않을 뿐 아니라 가벼운 신체접촉에도 신경질적인 반응을 보이는 경우가 많다. 우리와 다른 자신만의 세계를 구축하고 그곳에서 빠져나오기를 주저하는 것이 자폐스펙트럼 장애의 특징이다.

자폐스펙트럼 장애를 치료하는 과정은 자신만의 세계에 빠진 아이를 현실 세계로 끌어오기 위한 아주 길고 지루한 줄다리기에 비유할 수 있다. 그래도 다행인 것은 자폐스펙트럼 장애아동의 보호자가 바라는 '언어'와 '학습'은 꾸준한 훈련과 교육을 통해서 대부분 향상되며, 다른 사람과 감정을 나누고 소통하는 정서 역시 꾸준한 치료를 통해서 나아질 수 있다는 점이다. 우리는

2009년 3월부터 2011년 12월까지 만 3년간 민수를 치료했는데, 그 기간 동안 언어와 학습능력은 물론 정서와 사회성 부분에서 많은 발달을 이룬 민수는 우리 모두에게 특별한 사례, 소중한 기억으로 남아 있다.

  민수와의 인연은 우연으로 시작되었다. 민수의 자폐스펙트럼 장애 진단 후 민수 어머니 최화선 씨는 중국에서 제대로 된 치료기관을 찾을 수 없어 절망하던 중 지인을 통해 한국자폐학회장을 역임한 한양대학교 의과대학 정신건강의학과 안동현 교수를 소개받았다. 그 인연을 시작으로 여러 사람, 여러 기관이 음으로 양으로 민수의 치료에 도움을 주기 위해 나섰고, 아이코리아 아동발달교육연구원과의 인연도 맺어졌다.

  결국 민수 어머니는 민수의 치료를 위해서 중국의 가족과 헤어져 아이와 단둘이 낯선 서울에서의 생활을 선택했다. 그녀의 과감한 결단에 보답하고자 아이코리아 아동발달교육연구원과 한양대학교 의과대학 정신건강의학과, 그리고 아이코리아 버들어린이집은 민수에게 시범적인 치료방법을 진행하기로 하였다.

  이 치료방법은 우리보다 앞서 자폐스펙트럼 장애를 연구하고 치료방법을 모색한 하버드 의대를 비롯한 많은 자폐스펙트럼 장애치료연구소들이 치료에 가장 이상적인 모델로 제안한 접근 방식이다. 교육적 치료, 의학적 치료, 유아교육을 각각의 영역에서 개별적으로 진행하는 데 그치지 않고 통합전문가회의를 통해서 각자의 영역을 넘어 통합 치료계획을 세우고 실행하는 방법이다. 장기적으로 지속할 경우 큰 효과를 얻을 수 있지만 시간과 비용이 많이 들기 때문에 현실적으로 실현하기 어렵다는 문제가 있었다. 민수의 경우 통합전문가회의를 통해 관련 전문가들의 의견을 청취한 뒤 아동의 상태를 점검하고 지속적인 치료계획을 세워가며 치료를 진행했는데, 이러한 사례는 우리나라에서 민수가 최초가 아닐까 싶다. 무엇보다 어머니와 다른 영역의 선생님들과 함께 꾸준한 토론과 회의를 통해 한 아이의 전반적인 사항을 이해하고 더욱 깊이 있는 치료방법을 모색한 경험은 이후 다른 아동을 치료하는 데 있어 훌륭한 밑거름이 될 것이다.

민수의 치료를 진행하며 관련 전문가들이 놀란 점은 민수의 빠른 발전 속도였다. 물론 다른 자폐스펙트럼 장애아동처럼 정체기와 퇴행기를 겪기도 했지만, 민수는 늘 치료사들이 생각하는 기대 이상의 성과를 보여 주었다. 우리의 희망과 바람을 보태서 이야기 하자면, 이제 민수는 전문가가 아니라면 자폐스펙트럼 장애를 가지고 있다는 것을 알아차리지 못할 만큼 많이 성장했고 그에 보답이라도 하듯 민수는 지금 중국의 한국계 초등학교에서 별 어려움 없이 잘 적응해 나가고 있다.

민수의 성장을 통합전문가회의의 사례교육의 공으로만 돌릴 수는 없다. 민수의 사례에는 그 이상의 무언가가 있었다고 우리는 생각한다. 중국의 C시에서 2200km를 날아온 민수 어머니의 적극적이고 긍정적인 태도, 아프고 힘들어도 빠짐없이 치료실을 찾고 손바닥에 땀이 흥건하도록 노력하는 민수의 성실성, 정체기에도 끊임없이 보여준 두 모자의 신뢰는 오히려 우리가 감사해야 할 부분이었다.

　민수와 민수 어머니에게 깊은 배려와 지원을 해주신 아이코리아 김태련 회장님과 민수의 치료과정을 출판하는 것을 허락해준 민수의 부모님, 그리고 민수가 한국에 와서 치료를 받을 수 있도록 물심양면으로 지원을 해주신 손준규 사장님에게 진심으로 감사드린다.

　또한 민수의 치료와 교육에 힘써주신 아이코리아 버들어린이집 정진화 원장, 아이코리아 아동발달교육연구원의 언어치료 민경미·어수지 선생님, 놀이치료 김지연·한송희 선생님, 음악치료 김선영·손성민 선생님, 부모교육 이명숙 선생님, 학습치료 이세연·문기선·함기주 선생님, 미술치료 이윤진·이난주 선생님, 행동치료 김오송 선생님에게 감사드린다. 그리고 내용 확인 등 전 과정을 담당한 한송희·어수지 선생님의 노력에 사의를 표한다.

　우리는 이 내용이 민수와 민수 어머니가 함께 만들어낸 희망의 기록이라는 것을 밝힌다. 이 기록은 자폐스펙트럼 장애아동의 치료와 교육을 통해 소기의 성과를 보인 사례 중 하나이지만, 지금 자폐스펙트럼 장애아동을 키우며 어려움을 겪는 분들에게도 희망의 씨앗이 될 수 있으리라고 믿는다.

2013년 10월
박랑규·안동현 드림

# 1

## 자폐스펙트럼 장애 진단을 받다

## 마른하늘의 날벼락

"어머니, 더 이상 민수를 돌볼 수가 없습니다."

직장에서 근무하던 민수 어머니는 어느 날 유치원에서 걸려온 전화 한 통을 받았다. 그때만 해도 그녀는 민수에게 이상이 있을 것이라는 생각은 꿈에도 하지 않았다.

"민수가 유치원에 적응을 못하네요. 아이들이랑 어울리지도 못하고 여기저기 돌아다니기만 하고, 제지하면 울기만 해요. 6·1절(중국의 어린이날) 준비 때문에 선생님이 모두 바빠서 민수를 신경 쓸 수가 없어요."

그때까지만 해도 민수 어머니는 별다른 의심을 하지 않았다. 민수가 유치원에 들어간 지 1주일밖에 되지 않았고, 이제 만 세 살이 된 아이였기 때문에 아직 단체생활에 적응하는 것이 쉽지는 않을 것이라고 생각했을 뿐이다. 또래에 비해 말이 느렸지만 큰 걱정은 하지 않았다. 중국의 C시에 살고 있던 민수는 한국계 중국인이었기 때문이다. 가족 모두 집에서는 한국어(조선어)를 사용하지만 밖에서는 중국어를 사용하니 언어적 혼란이 있을 수 있다고 생각한 것이다. 누구나 자신의 모국어를 자연스럽게 배우는 것처럼 민수도 곧 말을 시작할 수 있으리라고 여겼다. 한국어와 중국어를 동시에 배우느라 민수는 남들보다 더 많은 시간이 필요한 것뿐이라고 생각했다. 유치원에서의 일은, 아직 한국어는 물론이고 중국어도 하지 못하는 민수가 중국 유치원에서 말을 제대로 알아듣지 못해 생긴 일이라고만 생각했다.

그러나 언제까지 아이를 집에 데리고 있을 수는 없었다. 모든 어머니가 그렇듯 민수 어머니 역시 민수에게 좀 더 나은 교육의 기회를 제공하고 싶었다. 중국 유치원 대신 국제 유치원을 알아보았더니 집에서 조금 떨어져 있는 곳에 수준 높은 유아교육으로 소문난 곳이 있었다.

"우리 아이가 지난번 유치원에서는 산만하고 울기만 해서 오래 다니지 못했어요. 그래도 받아주실 수 있나요?"

민수의 입학이 거절당할 수 있음을 걱정하면서도 민수 어머니는 자신이 알고 있는 아이의 상태를 솔직하고 명확하게 유치원에 설명했다. 많은 아이를 돌본 경험이 있는 국제 유치원은 민수 어머니의 우려와 달리 민수의 입학을 흔쾌히 허락했다.

"유치원에 처음 다니는 아이들은 단체생활에 적응하기 위해 그러는 경우가 많아요, 걱정하지 말고 보내세요."

민수를 국제 유치원에 입학시키면서 민수 어머니는 한시름 놓았다. 비교적 먼 거리긴 했지만 민수가 빠짐없이 유치원에 다녔고, 유치원에서도 별다른 연락이 없었기 때문에 이번 유치원에는 잘 적응하고 있나 보다 생각했다. 청천벽력과 같은 연락이 온 것은 민수를 국제 유치원에 보낸 지 2주가 지날 무렵이었다.

바쁜 업무 때문에 토요일도 쉬지 않고 직장에 출근한 민수 어머니는 유치원에서 걸려온 전화 한 통을 받았다. 중국 유치원과 달리 국제 유치원에는 아이들의 건강을 위해 의사가 근무하고 있었는데, 자신을 유치원에서 일하는 의사라고 소개한 후 그는 수화기 너머로도 느껴질 만큼 조심스럽게 이야기를 꺼냈다.

"제가 자폐스펙트럼 장애에 관심을 갖고 있습니다. 그런데 민수가 다른 아이와 조금 달라 보입니다. 아무래도 전문적인 진단이 필요한 것 같습니다. 큰 어린이병원 심리과(정신과)에 가 보시는 게 어떨까요?"

자신의 아이가 남들과 다르다는 이야기를 듣는 것, 그것도 심리과에 가라는 이야기를 듣는 것은 부모 입장에서 마른하늘에 날벼락이 떨어지는 것과 같았다. 민수 어머니는 전화를 받자마자 남편과 함께 아이를 데리고 C시의 어린이 병원으로 향했다. 그날따라 거리는 더 붐비는 것 같았고 병원에 이르는 길이 천 리, 만 리처럼 느껴졌다. '병원에 가면 별일 아니라고 할 거야.' 평생 '자폐스펙트럼 장애'란 단어를 듣도 보도 못했던 민수 어머니는 뛰는 가슴을 진정하며 자신을 다독였다. 다른 아이가 목을 가누기 시작할 때 민수도 목을 가누었고 기는 것과 걷는 것도 다른 아이와 비교하면 늦지 않았다. 대·소변을 가리는 것도 다른 아이와 별다른 차이가 없었다. 다만 민수는 말이 좀 더딜 뿐이었다.

'설마, 우리 민수는 괜찮을 거야.'

물끄러미 차창 밖을 바라보는 민수를 안으며 민수 어머니는 불안한 마음을 달랬다. 그러나 자폐스펙트럼 장애에 대한 의료수준은 물론이고 사회적 인식수준도 아직 낮은 중국의 작은 시에서는 제대로 된 진단이 어려웠다. C시 어린이병원에서는 베이징대학교 의과대학 부속병원에서 진단받을 것을 권했다. 병원에 가면 "괜찮다"는 말을 들을 것이라고, 오늘의 일은 해프닝으로 끝나고 어제와 같은 내일을 맞이할 수 있을 것이라고 기대했던 민수 어머니의 희망은 산산조각이 나고 말았다.

C시 어린이병원의 권고대로 베이징대학교 의과대학 부속병원의 수속을 밟기 위해 연락을 했지만 예약은 한참 밀려 있었다. 대신 더 큰 비용을 지불하면 당일 진료를 받을 수 있다는 이야기를 들었다. 하루라도 빨리 제대로 된 진단을 받고 싶은 마음에 민수 어머니는 당일 진료를 선택했다.

베이징에 갈 계획을 세우며 민수 어머니는 인터넷과 책을 뒤져 '자폐스펙트럼 장애'에 대해 찾아보기 시작했다. '눈을 제대로 마주치지 못한다' '청각에 이상이 없는데 이름을 불러도 반응이 없다' '장난감을 일렬로 늘어놓고 논다' '말이 늦고 의미 없는 소리를 낸다.'

자폐스펙트럼 장애에 관한 특징이 민수와 맞아 떨어지면 어머니의 심장은 덜컥 내려앉았고, 비껴가면 놀란 가슴을 안도의 한숨으로 쓸어내렸다. 그러나 민수 어머니의 바람과 달리 민수는 자폐스펙트럼 장애아동이 가지고 있는 특징과 많은 부분이 맞아 떨어졌다. 머리로는 민수의 장애를 인정하려고 해도 어머니의 가슴은 그것을 허락하지 않았다. 이렇게 어려운 장애가 내 아이에게 생길 리 없다고, 자라나는 의심과 걱정은 제대로 된 진단을 받은 후에 해도 늦지 않다고 그녀는 마음을 굳게 다잡았다.

# 절망의 선고, 베이징대학교 의과대학 부속병원

병원의 높고 시커먼 철문이 '드르륵' 귀에 거슬리는 소리를 내며 위협하듯이 열렸다. 그 소리는 마치 병원 안의 세상과 병원 밖의 세상을 격리하듯 냉정하고 차갑게만 느껴졌다. 아직 세 살밖에 되지 않은 아이를 내가 왜 이런 곳으로 데려와야 했는지, 민수 어머니는 미리 실망하고 걱정하지 말자며 굳게 다짐했던 마음이 저 아래에서부터 허물어지는 것을 느꼈다.

단 한 번 방문했던 베이징대학교 의과대학 부속병원으로 들어가는 철문을 민수 어머니는 그 뒤로도 여러 번 꿈속에서 마주하곤 했다. 그때마다 식은땀을 흘리며 소스라치게 놀라 잠에서 깨고 먼동이 터오를 때까지 다시 잠을 이루지 못했다.

베이징대학교 의과대학 부속병원으로 진단을 받으러 가는 날, 민수 가족은 아침부터 바삐 움직였다. 하루 전날, 민수 아버지는 당일 진료표를 받기 위해 베이징으로 향했고 민수 어머니와 민수도 진료시간에 늦지 않기 위해 아침부터 서둘렀다. C시에서 베이징대학교 부속병원까지의 거리는 2시간 남짓, 민수에 대한 염려와 걱정으로 장거리 운전이 부담스러운 민수 어머니에게 직장동료들이 힘을 보태주었다. 회사의 기사 아저씨가 운전을 자청했고 회사의 회계를 봐주는 아주머니가 동행을 자원했다.

함께 병원으로 가는 길에 동료들이 건네는 희망의 말은 떨리고 긴장되는 민수 어머니에게 위안이 되었다. 별일 아닐 것이라고, 이렇게 예쁘게 잘 자라는 아이에게 그런 몹쓸 병이 있을 리 없다는 동료의 위로에 민수 어머니는 혼자서 키워오던 의심과 불안을 잠시 내려놓았다.

그러나 베이징대학교 의과대학 부속병원에 도착하자 그 위안은 순식간에 사라지고 그 자리를 두려움이 메웠다. 크고 높은 철문, 귀에 거슬리는 소리를 내며 열리는 그 문은 정상과 비정상을 나누는 경계처럼 느껴졌다. 아이와 함께 저 안으로 들어가면 민수는 비정상아로 판명되어 다시는 문밖의 세상을 볼 수 없을 것 같은 불안이 밀려왔다. 민수도 그 문이 주는 위압감에 불안한 눈치였다.

아직 작고 어리기만 한 아이를 왜 이런 곳에 데려왔는지, 민수 어머니는 후회가 밀려왔다. 멀쩡한 아이를 괜히 남의 이야기만 듣고 의심하는 게 아닐까? 남의 말에 휘둘려 민수에게 장애의 멍에를 씌우는 사람은 다른 사람도 아닌 자신이라는 자책도 몰려왔다. 그러나 그때만 해도 민수 어머니에게는 아직 두려움보다 희망이 더 컸다. 이곳에 들어가면 민수에게 쏟아졌던 의심은 오해가 되고, 오늘의 병원 방문은 오랫동안 기억될 해프닝으로 끝날 것이라는 믿음이었다. 민수 어머니는 마지막 용기를 짜내어 밀려오는 불안과 두려움을 애써 물리치고 병원 안으로 들어갔다.

그리고 얼마 후, 민수 어머니는 아이의 상태를 묻는 검사지를 받아들었다. 아이의 생활상을 묻는 자잘하고 섬세한 질문지를 받아든 순간 겨우 다잡은 그녀의 마음이 다시 허물어졌다. 아이를 낳고 40일 만에 회사로 복귀하느라 육아를 친정어머니와 가사 도우미에게 의지했던 민수 어머니는 검사지의 질문에 제대로 답할 수가 없었던 것이다. 어머니라는 사람이 이렇게 아이에 대해서 모를 수가 있다니……. 민수에 대한 미안함과 자신에 대한 자책으로 눈물을 참을 수 없었다. 울먹이다가 마음을 다잡고 친정어머니와 통화하면서 겨우겨우 검사지를 채워 나간 민수 어머니의 마음에 자책감이 성큼 자라고 있었다.

정오를 훌쩍 지나 드디어 민수의 차례가 돌아왔다. 진료실에 들어가자 아이들의 흥미를 끄는 여러 색의 블록이 놓여 있었다. 오랜 시간 기다림이 지루했는지 민수는 들어가자마자 블록 앞에서 놀기 시작했다. 아이에 대한 미안함과 자책감으로 겨우 채운 검사지를 민수의 진단을 맡은 의사에게 건넸지만, 그는 그 검사지를 보는 둥 마는 둥 별 관심을 보이지 않았다. 대신 주머니에서 열쇠 꾸러미를 꺼내 흔들며 민수의 이름을 소리 내어 불렀다. 그러나 블록 놀이에 흠뻑 빠진 민수는 의사의 부름에 별다른 반응을 보이지 않았다. 몇 번이나 열쇠 꾸러미를 흔들어 소리를 내고 이름을 부르며 민수의 반응을 살피던 의사는 이내 민수가 자폐스펙트럼 장애가 맞다며 진단을 끝냈다.

며칠 밤을 잠 못 이루고 새벽부터 도착하여 차례를 기다리며 불안과 두려움, 민수에 대한 미안함과 자책감으로 조바심냈던 민수 어머니는 5분도 채 걸리지 않은 진단으로 내린 결과를 받아들일 수가 없었다. 객관적인 수치도, 명확한 설명도 없이 "100% 자폐스펙트럼 장애가 맞다"라고 이야기 하는 의사가 원망스러웠다. 어제까지 멀쩡하던 아이가 의사의 말 한마디에 없던 장애를 가지게 된 것만 같았다. 다시 한 번 제대로 살펴봐 달라고 부탁하고 싶었지만 의사의 진단은 확고했고 빨리 치료를 시작하라는 말만 할 뿐이었다. 마지막 남은 희망은 사라졌고 민수 어머니의 하늘은 무너져 내렸다. 절망과 무력, 두려움 때문인지 그 흔한 눈물도 한 방울 나오지 않았다.

아침 햇살을 받으며 베이징으로 갈 때만 해도 차 안에는 희망과 덕담이 가득했다. 하지만 쓸쓸한 석양을 등지고 C시로 돌아오는 차 안에는 절망의 침묵만 가득했다. 어른들의 걱정을 알지 못하는 민수는 일과가 고단했는지 어느새 잠들어 있었다. 민수의 얼굴을 물끄러미 바라보던 직장 동료 아주머니가 안타까운 눈물을 닦으며 혼잣말을 되뇌었다.

"이렇게 예쁜 아이가…… 그런 병이라니……."

끝내지 못한 말 속에는 민수에 대한 걱정과 민수 어머니에 대한 연민이 담겨 있었다. 마치 그 말이 도화선이 된 듯 그날 하루 애써 담담한 척했던 민수 아버지가 둑이 허물어지듯 눈물을 쏟아내기 시작했다. 베이징에 가기 전, 민수 어머니와 함께 인터넷과 책을 통해 자폐스펙트럼 장애에 대해 알아본 민수 아버지는 오늘 받은 진단의 무게를 누구보다 잘 알고 있었다.

남편의 눈물은 억지로 다잡고 있던 민수 어머니의 마음까지 헤집어 놓았다. 민수 어머니 역시 원망과 분노의 눈물을 쏟아내기 시작했다. 태어나서 지금까지 다른 사람을 해치기는커녕 나쁜 마음조차 품어본 적이 없는데, 왜 나에게 이런 일이 생길까! 신을 만날 수 있다면 멱살을 잡고 이유를 물어보고 싶었다.

원망과 분노의 눈물을 쏟아낸 뒤에는 두려움의 눈물이 흘러나왔다. 앞으로 민수를 위해 무엇을 어떻게 해야 하는지 민수 어머니는 아무것도 알지 못했다. 당장 내일이 오는 것조차 막막하기만 했다. 베이징대학교 의과대학 부속병원에서의 진단은 민수의 가족들에게 앞으로 더 이상 어떤 행복도, 기쁨도 맛보지 못할 것이라는 절망감을 주었다.

## 왜 내 아이에게 이런 일이 생긴 걸까?

절망으로 하늘만 원망하며 멍하니 있을 수는 없었기에 민수 어머니는 다시 바쁘게 움직이기 시작했다. 민수에게 자폐스펙트럼 장애가 있다는 것을 알았으니 치료방법을 찾아 이곳저곳 문을 두드려야 했다. 그러나 그럴수록 그녀는 깊은 절망에 빠졌다. 베이징에 있는 자폐장애협회와 연결된 치료센터가 있긴 했지만 대기자가 지나치게 밀려 있어 바로 치료를 받을 수 없었다. 1년을 기다려야 한다는 말을 들었지만, 하루 이틀 사이에 좋아지는 병도 아니니 1년 후면 치료센터에 들어갈 수 있을 것이라고 기약할 수도 없었다.

적극적인 성품의 민수 어머니는 민수에게 문제가 있다는 것을 처음으로 알려준 국제 유치원의 의사를 찾아갔다. 선생님의 예상대로 민수에게 자폐스펙트럼 장애가 있으니, 이제 어떻게 해야 할지 조언을 구했다. 의사는 민수 어머니가 비용을 부담하는 조건으로 작업치료의 일환인 촉각·전정감각·고유감각에 중점을 두어 치료하는 감각통합치료사를 찾아주고 C시에 있는 언어치료센터도 소개해주었다. 민수 어머니는 의사가 제시하는 치료방법을 적극적으로 받아들이는 한편 자신이 스스로 할 수 있는 모든 치료방법을 찾기 시작했다. 베이징에서 열리는 부모교육 세미나에 참가하기도 하고 인터넷을 통해 보호자도 할 수 있는 치료방법을 찾아봤다. 그러나 민수 어머니가 믿고 따를 만한 것은 없었다.

　게다가 언어치료센터는 아이를 치료하는 곳이 아니라 감금하는 곳이 아닌지 의심이 들 정도로 시설이 낙후했다. 창문 하나 없이 사방이 막힌 방에 아이를 옴짝달싹하지 못하게 의자에 묶어두고 치료시간 내내 치료사의 말을 따라 하게 하는 것만 반복했다. 게다가 전문적인 자격을 갖춘 치료사도 아닌, 간호사가 맡아서 아이의 발음만 교정하는 것이 치료의 전부였다. 자폐스펙트럼 장애치료에 대해 아는 것이 없었지만, 그런 단순하고 원시적인 방법으로는 세 돌이 넘도록 닫혀 있던 민수의 말문을 열 수 없을 것이라고 민수 어머니는 생각했다.

　응용행동분석협회에서 주최한 세미나도 별 도움이 되지 않았다. 세미나에서는 아이에게 모든 행동을 단계별로 나누어 가르치라고 했다. 예를 들어 물을 마시는 것도 '컵에 물을 붓는다' '컵을 입으로 가져간다' '물을 마신다' '컵을 내려놓는다'로 세분화해서 교육하라고 이야기했다. 세미나에서 가르치는 대로 따라 한다고 하루아침에 민수 혼자서 물을 마실 수 있을 것 같지 않았고, 혼자서 물을 마시는 것과 자폐스펙트럼 장애치료가 무슨 연관이 있는 것인지 민수 어머니는 영문을 알 수 없었다. 또한 인터넷에는 자폐스펙트럼 장애치료에 대한 정보가 넘쳐나고 있었지만, 그중에 민수에게 진정 도움이 되는 것이 무엇인지 당최 알 수 없었다. 그녀는 아무것도 믿을 수가 없었다.

아직 체계가 잡히지 않은 중국의 자폐스펙트럼 장애 치료방법은 민수 어머니의 마음에 의심의 싹을 틔웠다. 이성으로는 눈앞에 놓인 현실을 해결하기 위해 온갖 노력을 기울였지만 가슴으로는 아직 민수의 장애를 받아들일 수가 없었다. 이론도 체계도 명확하지 않은 치료방법과 채 5분도 걸리지 않은 진단에 대한 불신이 자꾸만 생겼다. 그리고 불현듯 한국에 가야겠다는 생각이 머릿속에 떠올랐다. 한국계 중국인으로 중국에서 한국계 회사에 근무하고 있던 민수 어머니는 결혼 전에도 회사 출장으로 서너 번 서울을 방문한 적이 있었다. 그녀는 여러 방면에서 중국보다 한국이 더 선진적이라는 믿음을 가지고 있었다.

"한국에 가서 제대로 된 진단을 받고 와야지."

결심이 서자마자 민수 어머니는 한국행을 서둘렀다. 남편과 시댁에서는 성치도 않은 아이를 데리고 먼 길을 떠나는 것을 반대했다. 그러나 민수 어머니의 고집을 말릴 수는 없었다. 한국에 가서 제대로 된 진단을 받겠다고 하는 것은 핑계였는지도 몰랐다. 한국에 가면 민수의 장애 판정은 오진으로 밝혀지고, 지금까지의 일들은 그저 악몽으로 기억될지 모른다는 희망을 그녀는 아직 놓지 않고 있었다.

**전문가 코너 ❶**
## 장애를 받아들이는 단계

부모는 자녀의 장애를 전적으로 수용하기 위해 여러 단계를 거친다.

- 1단계(걱정) : 자녀가 또래의 발달과 다른 양상을 보이면 '아이에게 문제가 있지 않을까' 하는 막연한 걱정을 시작하고, 또래의 다른 아이와 자신의 아이를 자주 비교하게 된다.

- 2단계(인식) : 비교와 관찰을 통해 아이에게 문제가 있다는 것을 인식한다.

- 3단계(진단과 치료) : 자녀가 또래 아이와 다르다는 것을 인식하면 병원을 찾아 진단받게 되고, 진단을 통해 치료를 시작하면서 아이의 장애를 점진적으로 수용하게 된다.

이 과정이 모두 단계별로 진행되는 것은 아니다. 보호자의 성격이나 주변의 경제적·심리적 지원체계에 따라 수용하는 방법이 제각기 다르다. 안타깝지만 각 단계에서 나타나는 자녀의 발달적 문제를 부정하고 외면하는 경우도 많다. 그러나 치료개입 시점에 따라 이후 발달속도가 달라지기 때문에 자녀의 자폐스펙트럼 장애가 의심될 경우 바로 전문가와 상담하고 주어진 상황을 객관화하는 부모의 노력이 필요하다.

## 희망의 거리 2200km

'운명은 우연을 가장하여 찾아온다'는 말이 있듯이 민수와 아이코리아 아동발달교육연구원, 한양대학교 의과대학 정신건강의학과 안동현 교수의 인연은 많은 사람의 우연과 같은 도움이 씨줄과 날줄이 되어 한 올 한 올 엮어서 만든 희망의 태피스트리와 같았다. 서울에서 C시의 거리는 2200km, 그 거리를 이어준 것은 민수와 민수 어머니에게 작은 도움이라도 되고 싶은 사람들이 만들어낸 길고 긴 오작교였다.

2008년 6월, 외래 진료로 바쁜 안동현 교수는 한 통의 전화를 받았다. 함께 10대 시절을 보낸 친구가 40년 만에 전화를 한 것이다. 오랜 세월 동안 나누지 못한 서로의 안부를 미처 다 전하기도 전에 그 친구는 안동현 교수에게 누군가를 소개했다.

"세 돌이 넘는 아이가 자폐스펙트럼 장애 판정을 받았는데, 네가 한 번 자세히 봐줄 수 있어?"

오랫동안 연락이 끊겼던 터라 안동현 교수의 근황을 제대로 알지 못했던 모양이다. 안동현 교수는 한국자폐학회장을 역임한 우리나라 최고의 자폐스펙트럼 장애 전문가이다.

"그럼, 내 전공인데. 병원으로 보내."

"그런데 애가 중국에 있어, 조선족이야."

상담과 면담, 관찰을 통해 진단과 치료를 하는 정신과의 특성상 말이 통하지 않는 외국인을 진료하는 것은 아무리 노련한 전문의라 할지라도 쉬운 일이 아니었다.

"쉽지는 않겠는데…… 그럼 우리말은 해?"

안동현 교수는 아이의 상태에 대해 하나씩 궁금한 점을 물었고, 결국은 민수를 서울에서 진료하기로 약속했다. 민수가 C시에서 2200km 떨어진 서울로 와서 안동현 교수의 진료를 받게 된 것은 여섯 다리만 거치면 세상 모든 사람이 서로 연결된다는 '케빈 베이컨의 6단계 법칙'처럼 보이지는 않지만 사람과 사람 사이를 엮어주는 인연의 고리가 만들어낸 기적이었다.

무작정 서울로 가겠다는 민수 어머니를 잠시 주저앉힌 사람은 그녀가 근무하던 회사의 사장 손준규 씨였다. 한국에서 중국으로 건너가 사업을 시작하면서 민수 어머니와 인연을 맺은 후 10년이 넘는 세월을 함께한 손 사장과 민수 어머니는 대표와 직원이라는 공적인 관계를 넘어 한 가족처럼 가까운 사이였다. 손 사장은 민수에게도 친할아버지와 다름없는 관심과 애정을 보였고 '엄마'라는 소리도 내지 못했던 민수 역시 손 사장만은 중국어로 할아버지라는 뜻의 '예예'라고 부르며 친손주처럼 잘 따랐다.

그런 손 사장이 무작정 한국에 간다는 민수 어머니를 말렸다. 당장 한국에 간다고 딱히 해결책이 나오는 게 아니니, 여기에서 꼼꼼히 알아보고 준비한 후 한국으로 가는 것이 좋겠다고 권한 것이다. 민수 어머니는 손 사장의 진심어린 충고를 받아들였다.

민수 어머니가 한국으로 가기 위해 준비하는 동안 손 사장은 한국의 친구들에게 민수의 상태를 전했다. 작은 도움이라도 감사히 받겠다는 메일을 그들에게 보내자, 손 사장의 대학동창이 곧바로 귀한 소식을 전했다. 그 사람이 바로 안동현 교수의 고등학교 동창이었고, 그는 손 사장과 민수를 위해 오랫동안 연락이 끊겼던 안동현 교수를 찾아 연락을 해준 것이다. 손 사장의 친구는 민수를 안동현 교수에게 인도해 주었고, 안동현 교수의 소개로 민수는 우리 연구원과도 인연을 맺게 되었다. 그저 우연의 연속이라고 생각하겠지만, 돌이켜보면 민수와의 인연은 주변 사람들의 작은 관심과 선의가 모여 희망의 불꽃을 꺼뜨리지 않은 기적의 결과나 다름없었다.

안동현 교수와 진료 약속이 결정되자, 민수 어머니는 안동현 교수에게 부지런히 민수의 상태를 알렸다. 이메일로 민수의 일과를 적어 보내기도 했고 민수의 일상을 동영상으로 찍어 보내기도 했다. 민수 어머니가 제일 듣고 싶은 이야기는 민수의 자폐스펙트럼 장애 여부였지만, 안동현 교수는 민수 어머니가 듣고 싶은 이야기는 해주지 않았다. 아이가 눈을 제대로 맞추지 못하고 3세가 지나도록 발화가 되지 않으면 문제가 있으니 정확한 진단을 기다리기보다 하루라도 빨리 치료를 시작하라는 조언을 할 뿐이었다.

답답해진 민수 어머니는 큰 비용을 들여 한국에 오는 만큼 안동현 교수뿐 아니라 S병원 정신건강의학과도 함께 예약하기로 했다. 이왕 한국까지 간 김에 권위 있는 병원에서도 정확한 진단을 받고 싶다는 이유 역시 핑계였다. 아직 민수 어머니는 희망을 접고 현실을 마주할 준비가 되어 있지 않았다. 안동현 교수도 민수 어머니가 원하는 이야기를 해주지 않자, 그녀는 그 희망을 도저히 포기할 수 없어서 S병원 정신건강의학과라는 또 다른 수단을 마련하여 부질없는 희망에 다시 한 번 매달렸을 뿐이다.

두 달간의 준비가 끝나고 8월 5일, 민수와 민수 어머니가 서울에 도착해 안동현 교수를 찾아왔다. 여전히 민수 어머니는 민수의 진단이 오진이었을지도 모른다는 희망의 끈을 놓지 못하고 있었다. 그러나 안 교수의 질문은 여전히 그녀의 바람과는 방향이 달랐다. 안 교수는 민수의 상태에 대해 묻기보다는 중국에서 민수가 받았던 치료의 종류나 치료사의 태도에 대한 질문을 더 많이 했다. 답답해진 것은 민수 어머니였다. 민수의 장애 여부와 장애 정도에 대한 자세한 설명을 듣기 원했는데, 한국까지 날아온 사람한테 한가롭게 중국의 자폐스펙트럼 장애 치료과정이나 물어보는 게 답답하기만 했다.

민수 어머니의 실망은 S병원에서도 이어졌다. 베이징대학교 의과대학 부속병원에서와 마찬가지로 S병원의 예약 시간도 미루어졌다. 오후 2시에 예약을 했지만 5시가 다 되어서야 진료를 받을 수 있었다. 진료 시간도 매우 짧았고 자폐스펙트럼 장애와 발달성 언어지연은 예후가 비슷하다며 언어 검사와 심리 검사를 받아야 정확히 진단할 수 있다는 이야기를 들은 것이 전부였다. 혹시나 하는 생각에 검사를 예약하러 갔지만 한 달을 기다리라는 이야기에 그녀는 맥이 풀렸다. 2주간의 관광비자를 받고 나온 터라 한 달을 기다릴 여유가 없다고 설명해도 사정을 봐주지 않았다. 결국 큰 비용과 바쁜 시간을 들여 어렵게 온 한국에서도 별다른 성과 없이 맨손으로 돌아가야 할 처지였다.

민수 어머니의 마음에는 들지 않았지만, 안동현 교수가 중국의 치료 여건에 대해 세심하게 질문했던 이유는 진단 이후 민수가 중국에서 자폐스펙트럼 장애치료에 필요한 도움을 받을 수 있는지에 대한 여부를 확인하기 위해서였다. 다행히 민수는 만 세 살이 갓 되었을 때에 자폐스펙트럼 장애를 발견하였고 증상도 그리 심하지 않았기 때문에 조기에 적절한 치료를 받는다면 이후 성장발달에서 좋은 결과를 얻을 수 있었다. 그러나 중국의 자폐스펙트럼 장애 치료시설은 한국에서 처음으로 본격적인 자폐스펙트럼 장애 연구를 시작한 30년 전과 다를 바가 없었고, 필요한 치료를 제때 받지 못한다면 조기진단이라는 행운이 오히려 짐이 될지도 모를 상황이었다.

민수와 민수 어머니가 중국으로 돌아가기 전 모자를 다시 만난 안동현 교수는 민수 어머니에게 조심스럽게 이야기를 건넸다. 중국으로 돌아가면 민수에게 필요한 어떤 조치도 제대로 받을 수 없다는 것을 안동현 교수는 이미 알고 있었다.

"혹시, 아이를 데리고 1~2년 정도 한국에서 치료를 받을 수 있으세요?"

쉽게 건넬 수 없는 제안이었지만, 안동현 교수는 민수 어머니에게 전해 들은 중국의 치료 여건과 그녀의 적극성 그리고 민수의 상태를 고려한다면 한국에서 제대로 된 치료를 받는 것이 가장 옳다고 판단하여 제안한 것이었다. 하지만 치료를 하기 전에 보호자와 민수의 경제적·심리적 요건이 뒷받침될 수 있는지가 중요했기에 한국에서 꼭 치료를 받으라고 강력하게 권할 수는 없었다. 이제 결정은 민수 어머니에게 달려 있었다.

하지만 처음 한국을 방문하면서 가졌던 남은 희망이 물거품으로 사라지고 허무함까지 보태져 절망의 나락으로 떨어지기 직전의 민수 어머니는 안동현 교수가 말한 뜻밖의 제안을 반겼다.

"할 수만 있다면 하고 싶어요!"

아이의 장애를 부정할 수 없다면 나아지기 위해 치료가 필요하다. 그러나 중국에서는 민수에게 필요한 치료를 받을 수 없다는 것이 민수 어머니가 가지고 있었던 절망의 근원이었는지도 모른다. 안동현 교수의 제안은 민수 어머니에게 절망과 두려움을 이겨낼 수 있는 용기를 주었다.

다른 가족의 반대를 무릅쓰고 2200km를 날아 서울에 오면서 가졌던 희망은 이제 사라졌지만, 민수 어머니는 중국으로 돌아가면서 아이를 치료할 수 있다는 새로운 희망을 품을 수 있었다.

### 전문가 코너 ❷
## 왜 진단이 중요한가?

자폐스펙트럼 장애를 진단받을 때는 적절한 진단 도구가 갖추어져 있고 자격과 경험을 갖춘 전문가가 진단을 실행하는 기관을 찾는 것이 바람직하다. 진단은 의학적 평가, 부모와의 면담, 발달 평가, 아동 관찰을 실행한 다음 포괄적인 진단자료를 모아 분석한 후에 이루어지므로 전문가들의 자격과 경험에 따라 다른 진단결과가 나올 수도 있다.

특히 자폐장애는 일부 정신지체, 청각·시각 장애를 포함한 감각장애, 주의력결핍/과잉행동장애, 발달성 언어장애 아동들이 보이는 특성과 유사한 부분이 있으며, 이런 장애들이 자폐스펙트럼 장애와 동반될 수 있으므로 정확한 의학적 평가나 발달 평가를 통해 진단해야 한다.

우리나라는 종합복지관과 소아정신과 전문의가 있는 병원에서 진단을 실행하고 있으나 진단도구나 전문가의 전문성 여부는 기관마다 차이가 있다고 할 수 있다. 면담과 관찰로 평가되는 만큼 신뢰받는 기관에서 이중 진단을 받는 것이 부모가 자녀의 장애를 받아들이는 것도 빠르고 이후 치료계획을 세우는 데도 바람직하다고 할 수 있다.

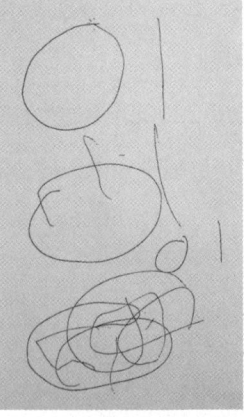

2009년 09월 19일 민수가 안동현 교수에게 진단을 받으면서 그린 그림. 자폐스펙트럼 장애 전문가는 진료 시 아이에게 그림을 그려보라고 지시한 후, 그 그림을 통해 지적 장애 동반 여부와 지시에 대한 반응 등을 평가한다

# 한중 최초 의료관광비자를 받다

 자폐스펙트럼 장애치료에는 오랜 시간과 함께 많은 비용이 든다. 자폐스펙트럼 장애치료는 숙련된 전문 치료사와 아동 간에 일대일 혹은 많아야 5~6명으로 이루어진 소집단으로 치료를 진행하고, 표준화된 커리큘럼을 따르는 것이 아니라 아이의 상태나 발달 단계에 따라 필요한 맞춤 커리큘럼을 수행하기 때문이다. 또한 단기간에 치료 효과를 보기 어려우므로 꾸준하고 지속적인 치료를 받아야만 한다. 응용행동분석으로 자폐스펙트럼 장애치료에 효과를 보여준 미국 로바스 프로그램의 경우 월 1만 달러 이상의 비용이 소요되는 것으로 알려져 있다. 우리나라의 경우, 아직 선진국과 비교하여 국가적 지원책이 부족한 형편이다 보니 많은 부모가 아이의 치료에 어려움을 겪고 있는 것이 사실이다.
 우리나라 안에서도 자폐스펙트럼 장애치료의 비용과 시간 때문에 부모들이 부담을 느끼는데, 국경을 넘어 중국에서 한국으로 건너와 치료를 받기 위해서는 아무리 적극적인 민수 어머니라도 큰 결단이 필요했다. 주변의 가장 큰 걱정은 우선 비용이었다. 민수의 친가 쪽에서는 앞으로 민수의 치료를 위해 많은 돈이 필요할 테니, 치료 효과를 확신할 수 없는 한국에 가는 것보다 그 비용을 아껴 민수의 장래를 준비하는 것이 먼저라는 의견을 내놓았다.

그리고 민수의 경우는 비용보다 더 우선적으로 고려해야 할 것이 있었다. 바로 언어였다. 민수가 살아야 하는 곳은 중국이었고 민수에게 필요한 언어는 중국어였다. 그렇지 않아도 언어발달이 늦은 민수를 '계속해서 한국어 환경에 노출할 것인가?' 하는 문제는 중요한 선택의 문제였다. 그러나 중국의 치료환경에 실망하고 한국에서 희망을 발견한 민수 어머니로서는 민수의 말문이 트여 언어적 의사소통을 할 수 있다면 그것이 한국어든 중국어든 중요하지 않았다. 그녀는 가산을 모두 탕진한다고 해도 후회가 없을 것 같았다.

"꼭 가야겠어?"

민수 아버지는 민수 어머니에게 마지막으로 물었다.

"지금 가지 않으면 나중에 후회할 것 같아요. 당장 굶어 죽는 것도 아닌데, 1년만 한국에 가서 치료받고 올게요."

민수 어머니에게도 돌파구가 필요했다. 아이에게 장애가 생기면 많은 가족이 위기를 겪는다. 특히 양육의 모든 책임이 어머니에게 돌아가는 경우가 많다. 하루 24시간, 1년 365일 아픈 아이를 돌보는 것은 모두 어머니의 몫이 된다. 민수 어머니도 직장에서 자신의 경력을 쌓아가며 성공 가도를 달리고 있었지만 민수의 장애 진단 이후 자신의 인생 계획이 하루아침에 무너지고 있었다. 거기에 민수에 대한 책임감과 미안함이 쌓여가자 그 스트레스는 주변 사람들에 대한 원망으로 이어졌다. 민수 아버지가 느끼는 부담감도 민수 어머니와 다르지 않았다. 서로에 대한 원망으로 부부 관계도 삐걱거리고 있었다. 민수 어머니는 가정에 찾아온 위기를 한국행을 통해 극복하고 싶었다. 민수 아버지는 마지못해 민수의 한국행을 승낙해주었다.

민수의 부모가 한국에서의 치료를 결심하였다고 해도 행정적인 절차가 남아 있었다. 법적으로 민수 어머니와 민수는 중국인이었기에 한국 방문 목적에 맞는 비자를 받아야 했다. 그때 작은 기적이 일어났다. 2008년 4월부터 의료관광 활성화를 위해 우리 정부에서 1년 동안 환자와 보호자가 복수 입국이 가능한 치료목적의 'G-1 비자'를 도입한 것이다. 안정된 환경에서 꾸준한 치료를 받아야 하는 민수에게 안성맞춤의 비자였다. 준비해야 할 서류도 많았고 과정도 쉽지 않았지만, 민수 어머니는 필요한 서류를 준비하기 위해 한국과 중국 이곳저곳을 분주하게 누비기 시작했다. 지금은 중국에서 1년에 2000여 건이 넘게 발급되는 비자지만, 당시만 해도 첫 도입이라 민수는 G-1 비자를 최초로 신청한 사례가 되었다. 처음 신청한 비자였기 때문에 처리하는 과정에서 어려움도 적지 않았다. 그러나 민수의 사정을 알게 된 사람들이 내 일처럼 팔을 걷어붙이고 도와주기 시작하여 결국 1년 기간의 G-1 비자를 무사히 받을 수 있었다. 사람들의 도움이 쌓여가며 희망의 길이 조금씩 다가오고 있었다.

## 불안과 희망의 갈림길

　내가 안동현 교수에게 민수를 소개받은 것은 아직 늦더위가 가시지 않은 2008년 8월 말이었다. 한국의 자폐스펙트럼 장애 치료기관에 대해 알 수 없었던 민수 어머니는 안동현 교수에게 치료기관을 소개해 달라고 부탁드렸던 모양이다. 정신건강의학과를 전공하고 자폐스펙트럼 장애에 관심이 많았던 안동현 교수와 발달장애를 전공한 나는 연구하는 학문에 있어서 연관성도 깊은 데다 대학시절부터 인연을 이어오고 있기 때문에 개인적으로나 학문적으로나 서로에 대한 믿음과 신뢰를 가지고 있었다.
　"박 원장님, 환자 보낼게요. 아이가 조선족입니다. 자세히 살펴주세요."
　환자가 중국 출신이라는 이야기에 안타까움이 밀려왔다. 국제적인 세미나나 콘퍼런스에서 중국의 사례를 들을 때마다 내가 처음으로 자폐스펙트럼 장애 연구를 시작했던 30년 전을 떠올린다. 부모가 자녀의 장애를 받아들이는 것만큼 사회적으로도 장애를 받아들이는 인식이 중요하다. 내가 처음 자폐스펙트럼 장애치료를 시작할 무렵인 1980년 초의 우리나라도 지금의 중국처럼 자폐스펙트럼 장애치료에 대한 인프라나 사회적 인식이 부족했다.

자신의 아이가 또래와 조금 다르긴 해도 숫기가 없는 아이 혹은 조금 늦되는 아이일 뿐이라고 대부분의 부모가 애써 위안하고 외면했기에, 그런 아이에게 장애를 진단하는 의사나 치료사를 오히려 돌팔이라고 오해하는 경우도 많았다. 이런 사회적 인식과 배경은 정작 도움이 필요하고 치료가 시급한 부모와 아이에게 적절한 치료의 기회를 앗아가는 경우를 많이 보았던 터라, 아이를 위해 삶의 터전을 떠나 한국행을 선택한 민수 어머니의 결단과 용기에 나는 만나기 전부터 호감을 느끼고 있었다.

2008년 9월 5일, 민수 어머니가 손 사장과 함께 연구원을 찾았다. 민수 어머니는 작고 왜소한 체구와는 달리 표정이 다부지고 눈빛이 야무져 보였다. 연변 사투리를 사용했지만 의사소통을 하는 데는 어려움이 없었다. 그녀는 민수의 장애를 전적으로 수용하게 된 단계에 접어들어서인지 조심스럽게 아이의 상태를 내게 전했다.

"눈맞춤이 전혀 안 되는 것은 아니지만 눈을 맞추기 위해서는 많은 노력과 제한이 필요해요. 말은 전혀 하지 못하고 때로 의미 없는 소리를 내기도 해요. 공격적인 문제 행동을 보이지는 않아요. 다만 한자리에 앉아 있지 못하고 제지하면 극단적으로 반응

합니다."

 보호자의 면접과 아동의 관찰을 통해 검사한 결과, 안동현 교수의 진단처럼 '경증의 자폐스펙트럼 장애'라는 결과가 나왔다. 자폐스펙트럼 장애도 문제가 됐지만 민수 어머니의 상담내용으로 판단해 보면 민수는 또래보다 전체적인 발달이 지체된 듯이 보였다. 민수 어머니는 실망하지 않고 담담하게 받아들였다. 검사와 상담이 끝나고 아동발달교육연구원의 다양한 치료실로 안내하자 차분했던 민수 어머니가 분주히 돌아다니며 눈빛이 희망으로 반짝였다. 그녀는 언어치료와 음악치료, 놀이치료와 미술치료 등 각 치료실을 지날 때마다 치료방법과 효과에 대해 자세히 물어보고 꼼꼼하게 기록했다. 중국의 빈약한 치료 환경만 보다가 이곳의 치료 환경을 보자 안심이 됐던 모양이다.

 "얼른 민수를 데려와 치료받게 하고 싶어요."

 그러나 상황은 민수 어머니 마음대로 흘러가지 않았다. 그녀는 중국의 직장에서 중요한 역할을 맡고 있었기 때문에 후임자를 물색한 후 인수인계를 해주어야 했다. 시간이 다소 흘러 내가 민수를 만난 것은 11월의 끝자락에 들어설 무렵이었다. 손 사장과 민수 어머니는 본격적인 치료에 들어가기 전에 안동현 교수와 나에게 저녁식사를 제안했고, 민수의 상태를 알아보고 이후 치료방법에 대해 안동현 교수와 의논도 할 겸 나는 그 제안을 수락하였다.

 지금도 민수와 처음 만난 순간이 떠오른다. 나는 어머니의 손을 잡고 걸어오는 민수를 보자마자 상태를 짐작할 수 있었다. 아이의 행동은 전형적인 자폐스펙트럼 장애 성향을 보이고 있었다. 낯선 곳에 대한 설렘과 두려움, 그 어떤 반응도 보이지 않았고 낯선 사람에 대한 반응도 전혀 보이지 않았다.

민수의 문제행동은 저녁 식사를 시작하자마자 곧 드러났다. 집중력이 부족하고 산만한 민수는 한자리에 앉아서 식사하는 것이 불가능한 상태였다. 어른들 사이에서 장난감 하나 없이 있어야 했던 게 지루했는지 민수는 슬금슬금 일어나 식당을 돌아다니기 시작했다. 사회성이 부족한 아이라도 낯선 장소에 있는 낯선 사람이 자신의 행동에 어떻게 반응하는지 궁금해한다. 동물도 낯선 상대는 부딪혀 힘겨루기로 서열을 정하듯이, 자폐스펙트럼 장애아동도 주변 사람들에 대한 반응을 알아보려고 일부러 문제행동을 일으키는 경우가 있다.

그날 민수의 목표는 나였다. 천천히 나에게 다가온 민수는 갑자기 내 안경을 휙 채갔다. 당황한 민수 어머니의 얼굴은 사색이 되고 손 사장은 민수의 행동을 제지하고 나섰다. 손 사장이 민수를 꼭 붙잡고 손에서 안경을 빼내어 나에게 돌려주자 민수는 울음을 터뜨렸다. 식당에 있는 사람들의 시선이 민수에게 쏠리자 다급해진 민수 어머니는 민수의 입을 막기 위해 실리콘 젖꼭지를 물렸다. 실리콘 젖꼭지를 물자마자 민수의 울음은 잦아들었지만 내 입에서는 나도 모르게 한숨이 새어 나왔다.

"민수 어머니, 그거 끊으세요."

그녀는 놀란 눈으로 나를 바라보았다. 나는 단호하게 한번 더 강조했다.

"당장 끊으셔야 합니다."

흔히 공갈 젖꼭지라고 불리는 실리콘 젖꼭지는 자폐스펙트럼 장애아동을 둔 보호자뿐 아니라 대부분 보호자에게 검의 양면과 같다. 아이가 손을 빨기 시작할 때나 떼를 쓰며 우는 아이를 달랠 때 없어서는 안 되는 육아의 필수품으로 자리 잡았지만, 아이의 성장과 더불어 적절한 시기에 이르면 반드시 실리콘 젖꼭지를 끊어야 한다.

세 돌 반이나 된 민수가 실리콘 젖꼭지에 집착하고 있는 것 자체가 문제행동이라는 것을 민수 어머니는 전혀 인지하지 못하고 있었다. 비록 민수가 실리콘 젖꼭지를 물면 심리적으로 안정감을 느낀다 해도 민수의 발달 수준에는 맞지 않는 행동이었다. 나의 지적에 민수 어머니는 눈을 반짝이며 마음속에 깊이 각인하는 듯이 보였다.

어떻게 지나갔는지도 모르게 정신없던 저녁 식사가 끝나고, 늦은 밤 나는 민수 어머니에게 길고 긴 이메일 한 통을 받았다. 한바탕 소동이 벌어지긴 했지만 나의 말대로 실리콘 젖꼭지 없이 민수를 재우는 데 성공했다는 내용이었다.

〈세상이 무너져도 실리콘 젖꼭지는 못 끊을 줄 알았는데, 노력하니 끊을 수 있었어요, 감사합니다 원장님.〉

그녀가 보낸 메일의 마지막 줄에는 민수의 치료에 대한 희망이 실려 있었다. 절대 끊을 수 없을 것이라고 여겼던 실리콘 젖꼭지를 단 한번의 충고로 단 하루만에 끊은 만큼, 한국에서 적절한 치료와 도움을 받는다면 민수의 장애도 극복할 수 있을 것이라는 기대감이 엿보였다.

　이후에도 민수 어머니는 지속적으로 내게 이메일을 보내왔다. 중국에서 민수가 받고 있는 치료 상황을 설명하고 한국행을 준비하는 과정도 차근차근 알려주었다. 그 안에는 장애아동 부모로서 아이의 장애에 대한 두려움과 새로운 치료에 대한 희망, 가족과 떨어져 아이와 단둘만이 지내게 될 서울 생활에 대한 불안함이 고스란히 담겨 있었다.

　민수 어머니의 편지는 내 마음을 움직였다. 지금까지 쌓은 자신의 경력을 버리고 민수의 어머니로만 사는 삶을 선택한 그녀의 편지에는 가족과 떨어져 낯선 환경에서 아이와 단둘이 치료 과정을 버텨야 하는 절박함이 드러나 있었다. 나는 그녀의 편에 서고 싶었다. 쉬운 일은 아니지만, 우리 연구원도 민수와 민수 어머니가 한국 생활에 적응할 수 있도록 최대한 도움을 주겠으니 함께 노력하자는 답장을 보냈다. 민수 어머니가 나에게 보여주었던 신뢰와 진심에 내 마음이 열렸듯이, 나의 진심이 민수 어머니에게 작은 위로가 되기를 바랐다.

# 통합전문가회의의 첫 번째 주인공이 되다

　민수를 처음 만난 이후, 안동현 교수와 나는 본격적으로 민수의 치료방법에 대한 논의를 시작하였다. 안동현 교수가 파격적인 제안을 했다. 민수 어머니에게 한국행을 권유한 사람으로서 그는 민수에 대해 누구보다 강한 책임감을 가지고 있었다. 지금까지 자폐스펙트럼 장애를 치료할 때는 의료치료와 통합교육, 개별치료 등 치료와 교육을 따로 떼어 별개로 진행하는 것이 일반적인 사례였다. 하지만 민수는 의학과 유아교육, 치료교육 영역의 모든 전문가가 한 자리에 모여 회의와 토론을 통해 아이의 상태를 공유하고 공유된 자료를 바탕으로 진단하여 이후 치료과정을 계획하는 것이 어떻겠느냐고 안 교수는 내게 제안했다.
　나는 그 제안에 두 번 생각하지도 않고 고개를 끄덕였다. 우리나라에서 민수처럼 소아정신과 전문의와 모든 치료사 및 어린이집의 담임교사까지 회의에 참여하여 자폐스펙트럼 장애치료에 개입한 경우는 지금까지 없었다. 크고 작은 다양한 문제 때문에 누구도 시도해보지 못했던 방법을 한국에서 처음으로 시도하는 점에서도 의미가 있었지만, 그것보다 더 중요한 것은 전문적이고 체계적인 접근으로 민수와 민수 어머니를 조금이라도 도울 수 있다는 점이었다.

자폐스펙트럼 장애를 가지고 있는 아이를 둔 부모를 많이 만났고 도움을 주고 싶은 마음에는 경중을 가릴 수 없었다. 그러나 민수와 어머니의 경우는 조금 더 특별하게 느껴진 것이 사실이다. 심리적·사회적 지원 없이 홀로 한국에 와 아이의 치료를 시작하는 상황이 나는 매우 안타까웠다. 언제나 솔직하게 진심을 담아 이야기하는 그녀에게 좀 더 도움을 주고 싶었다. 그래서 안동현 교수가 제안한 통합전문가회의도 흔쾌히 받아들일 수 있었다. 이로써 민수와 민수 어머니는 물론 안동현 교수와 우리 치료사들도 새로운 도전을 시작하게 되었다.

치료과정 동안 민수가 많은 발전을 보일 때마다 주변에서 함께 치료를 받는 보호자들이 "민수는 참 복이 많은 아이에요"라며 부러워했다. 생각해보면 민수는 운이 좋은 아이였다. 적절한 시기에 중국 국제 유치원에서 근무하는 의사를 통해 장애가 발견되었고 여러 사람의 도움으로 한국 자폐스펙트럼 장애전문의 안동현 교수를 만났으며 한·중 최초로 의료관광비자를 받았다. 거기에 또 통합전문가회의라는, 우리나라에서 처음으로 시도하는 치료방법의 첫 번째 주인공이 되었다. 그런데 그 과정을 지켜본 내가 생각하기에 그 소소하고 아름다운 기적을 만들어낸 사람은 바로 민수 어머니였다.

  민수 어머니는 민수에게 도움 되는 일이라면 주저하는 법이 없었다. 그녀는 언제나 꾸준하고 성실하게 민수의 치료에 참여하였다. 장애아동을 키우는 보호자는 자칫 위축되거나 왜곡된 시각을 가질 수 있는데, 민수 어머니에게서는 그런 면을 찾을 수 없었다. 아이가 발전 없는 정체기에 오랫동안 머물러도 흔들리지 않았고 치료과정에서 의문스럽거나 의심스러운 점이 있을 때는 솔직하고 정직하게 치료사에게 문의했다. 무엇보다 그녀의 가장 큰 장점은 다른 사람의 충고를 비판적으로 받아들인 적이 없다는 것이었다. 민수 어머니의 이런 태도와 행동은 주변 사람을 자신의 편으로 만들어 자발적인 호의를 이끌어냈다.

  아이마다 자폐스펙트럼 장애의 정도가 다르고 발달속도도 다르다. 두려움과 불안감 때문이겠지만, 보호자는 기대한 만큼의 성과가 없으면 치료센터나 치료방법을 자주 바꾼다. 자폐스펙트럼 장애치료를 하면서 가장 중요한 점은 믿을 수 있는 기관에서 아이는 물론 보호자도 신뢰를 가지고 긍정적인 마음으로 꾸준히 치료를 받는 것이다. 민수의 치료에는 통합전문가회의라는 특별한 치료방법이 활용되기는 했지만, 중요한 것은 민수의 치료방법이나 치료 횟수가 아니었다. 보호자인 민수 어머니의 솔직하고 적극적인 태도와 긍정적이고 성실한 행동이 민수의 발전에 큰 원동력이 되었다고 나는 지금도 확신한다.

### 전문가 코너 ❸
## 통합전문가회의

통합전문가회의는 자폐스펙트럼 장애에 대한 치료방법을 연구한 하버드 의대를 비롯하여 많은 자폐스펙트럼 장애 치료연구소가 치료에 가장 이상적인 모델로 제안한 것으로, 지금까지 개별적으로 진행되었던 치료교육과 의학적 치료 및 유아교육을 통합하는 것이다. 민수의 경우 아이코리아 아동발달교육연구원과 한양대학교 의과대학 정신건강의학과, 그리고 아이코리아 버들어린이집이 협력하여 각 분야의 전문가들이 정기적으로 통합전문가회의를 진행하였다.

이러한 통합적 접근을 위한 전문가회의는 의학, 유아교육, 치료교육 영역의 모든 전문가가 모여 회의한 후 이를 보호자에게 설명하고 동의를 구하는 절차를 밟는다. 그리고 아동의 상태를 공유하고 공유된 자료를 바탕으로 치료계획을 세우고 실행한다. 이러한 접근은 장기적으로 지속할 경우 큰 효과를 얻을 수 있지만 시간과 비용이 많이 들기 때문에 현실적으로 실현되기 어려운 점이 있다.

2

희망의 날개,
통합 치료교육을 시작하다

# 장애를 부정할 수 없다면 받아들이라

"원장님, 1년이면 우리 민수의 말문이 트이겠죠?"

2009년 3월 2일, 민수와 민수 어머니가 서울에 터전을 잡고 연구원을 찾았다. 민수 어머니는 서울에 오기 전부터 지속적으로 나에게 메일을 보내 자신의 상황과 민수의 소식을 알려주었다. 그녀는 내심 치료기간을 1년으로 한정하고 있었다. 치료비용도 문제였지만, 가족과 떨어져 낯선 서울에서 생활한다는 것에 적지 않은 부담감을 느꼈을 것이다.

민수 어머니는 한국에서 체계적이고 전문적인 치료를 받으면 민수가 금세 좋아져서 중국으로 돌아갈 수 있을 것이라는 희망에 부풀어 있었다. 부모의 욕심은 늘 현실보다 크고 무거운 법이지만, 나는 질문을 가장한 그녀의 희망사항에 빙그레 미소만 지었다. 자폐스펙트럼 장애치료가 1~2년 안에 끝날 수 없다는 것을 알고 있었지만, 아이의 미래를 함부로 예단해서도 안 되고 미리 부모의 희망을 꺾을 필요도 없었다. 오늘보다 나은 내일에 대한 희망이 없다면 어떤 노력도 고되고 힘들 뿐이다. 많은 보호자가 아이의 치료를 시작하면서 현실보다 과한 기대를 품지만 시간이 차차 흐르면 욕심을 내려놓고 현실에 맞게 기대와 바람을 조절한다. 당시 민수 어머니에게 필요한 것은 현실을 받아들일 시간이었다.

우리는 우선 민수의 치료계획을 세우기 위해 언어발달 평가를 시행하였다. 첫 진단을 받고 4개월의 시간이 흘렀지만 제대로 된 치료교육을 받지 못한 민수는 그동안 전혀 변화가 없었다. 수용언어는 17개월, 표현언어는 14개월로 전체적으로 16개월 정도의 유아 수준이었다.

민수의 치료계획을 세우면서 가장 고려해야 했던 점은 민수의 특수한 상황이었다. 한국계 중국인인 민수는 한국어뿐만 아니라 중국어도 습득해야 했기 때문에 어떤 언어를 중심으로 민수에게 교육을 시킬지는 중요한 문제였다.

특히 민수는 중국 치료기관에서는 중국어에, 가정에서는 한국어 환경에 노출되어 있어서인지 한국 아이가 표현하는 발음과 다른 발음으로 소리를 냈다. 의미 없는 소리를 낼 때도 중국의 사성四聲이 개입되어 한국어와 다른 억양이 나왔다. 영유아기부터 한국어와 중국어의 이중언어 환경에 노출되었기 때문에 그렇지 않아도 언어발달이 늦은 민수로서는 더욱 혼란스러웠을 것이다. 언어장애가 발견된 이후에도 제대로 된 치료를 받지 못한 채 이중언어 체계에 계속 노출되었기에 민수의 언어발달은 더욱 이루어지지 않았다. 그러나 당시에는 민수 어머니와 상담을 통해 한국어로 의사소통이 원활해진 후에 중국으로 돌아가 중국어를 배우는 것이 좋겠다고 우리는 판단했다. 그래서 민수에게 한국어 중심의 언어치료를 하기로 결정하였다.

평가결과를 바탕으로 2009년 3월 5일, 첫 번째 통합전문가회의가 열렸다. 나를 비롯하여 언어치료사와 놀이치료사, 음악치료사, 부모교육교사는 물론 안동현 교수까지 함께 모여 우선 민수의 현재 상태와 기본 정보에 대한 공유가 이루어졌다. 그것을 토대로 우리는 언어치료를 중심으로 민수의 사회성을 향상시켜 상호작용을 이끌어낼 수 있는 치료계획을 세우게 되었다. 그 결과 언어치료 주 4회, 놀이치료 주 2회, 어머니의 상담과 더불어 진행하는 음악치료 주 1회, 부모교육과 상담 주 1회로 진행하기로 결정하고 대집단 사회에 대한 적응을 돕기 위해 민수를 또래가 모인 장애통합 어린이집에 등원시키기로 하였다.

치료를 시작하면서 가장 걱정했던 부분은 민수가 새롭게 바뀐 환경에 잘 적응할 수 있을지에 관한 여부였다. 자폐스펙트럼 장애아동은 낯선 장소, 낯선 것에 대한 호기심보다는 불안감을 가지는 경우가 많다. 의사소통 방법을 제대로 배우지 못한 아이 대부분은 그 불안감과 두려움을 극단적인 방법으로 표현하며 저항한다. 변화를 융통성 있게 수용하지 못하기 때문이다.

당시 민수는 교육환경뿐만 아니라 생활환경까지 모두 바뀌어 새로운 환경에 다시 적응해야 할 처지였다. 일반아동이라도 다섯 살 아이가 받아들이기 어려울 만큼 민수의 주변 상황은 많이 달라져 있었다. 중국에서 한국으로 국경을 넘어 이사하였고 대가족 속에서 지내다 이제 어머니와 단둘이 생활하는 등 민수를 둘러싼 모든 환경이 하루아침에 변했다. 거기다 낯선 기관에서 새로운 치료를 받아야 한다는 점도 민수에게는 적잖은 스트레스 요인이 될 것이었다. 나부터도 1~2주차 치료에는 큰 기대를 하지 않았다. 민수가 어머니와 떨어져 치료실에 들어가는 것 자체가 큰 성과라고 여겼다. 나는 치료사들에게 처음부터 욕심내지 말고 민수와 신뢰관계를 형성하는 것부터 시작해달라고 부탁했다. 그러나 모두의 예상을 깨고 민수는 새로운 환경에 적극적으로 대처하며 치료에도 빠르게 적응하는 모습을 보였다.

민수의 첫 치료시간은 언어치료였다.

"안녕 민수야? 나는 언어 선생님이야. 우리 같이 놀러갈까?"

원장실에서 놀고 있던 민수를 치료실로 안내하자 별다른 저항 없이 어머니의 손을 잡고 치료실로 향했다. 나도 원장실을 나와 민수가 치료실로 입실하는 모습을 지켜보았다. 민수 어머니는 치료실 밖에 준비된 의자에서 기다리고 민수는 언어치료사와 함께 치료실에 입실했다. 민수는 치료실에 입실하며 자신이 신은 실내화를 벗어 가지런히 문 앞에 정리해 놓았다. 민수가 처음 치료를 받으면서 시작된 버릇이었다. 그 뒤로도 문 앞에 실내화가 가지런히 놓인 치료실은 민수가 치료를 받고 있는 곳이라는 것을 알 수 있을 만큼 민수는 치료실로 입실할 때 실내화 정리를 빼놓지 않았다. 민수의 입실에 안도한 것도 잠시, 치료실에서는 이내 울음소리가 흘러나왔다. 치료사가 치료실의 문을 닫으려고 하자 어머니가 보이지 않는 것이 불안했는지 민수가 울음을 터뜨리면서 밖으로 나가려고 한 것이다. 강력하게 저항하는 민수 때문에 첫 치료시간은 문을 열어 놓고 수업을 진행해야 했다.

문밖에서 이 상황을 모두 보고 들은 민수 어머니는 실망을 감추지 못했다. 보호자 대부분은 내 아이가 잘하는 것보다는 못하는 것에 더 집중하는 경향이 있기 때문에 상황을 객관화시킬 여력이 없다. 치료과정에서 벌어지는 모든 부정적인 상황을 내 아이가 부족하여 벌어지는 일로 받아들이기도 한다. 그러나 이것은 모든 아이가 거치는 과정이므로 보호자 입장에서 더 많이 실망하거나 좌절할 필요가 없다. "첫날부터 부모와 완전히 분리되는 것은 일반아동도 어려운 일입니다. 시간이 지나고 익숙해지면 차츰 좋아집니다"라고 이야기 해주자 민수 어머니는 알겠다는 듯이 고개를 끄덕였지만 그녀의 굳어진 표정은 좀처럼 풀리지 않았다.

언어치료와 놀이치료, 음악치료 등 첫째 주의 모든 치료시간 동안 민수는 어머니와 완전히 분리되지 못해 문을 열어 놓은 채 치료를 진행해야 했다. 민수의 행동에는 자폐스펙트럼 장애아동의 모든 특징이 드러나 있었다. 치료사와 5분 이상 수업에 집중하지 못했고 치료시간 내내 치료실의 장난감을 산만하게 이것저것 꺼내보고 만져보았다. 특히 민수는 첫날부터 이후 3년 동안 줄곧 자동차에 과도한 관심을 보였다. 이날도 민수는 자동차를 일렬로 줄을 세워놓고 혼자 즐거워했다. 자동차 외에 비눗방울과 풍선 놀이에도 관심을 보였다. 치료사가 비눗방울이나 풍선을 불어줄 때는 간혹 눈맞춤도 가능한 것처럼 보였다. 그러나 대체로 민수는 치료사가 이름을 불러도 반응하지 않고 지시도 제대로 따라 하지 않았다.

그렇지만 실망할 수는 없었다. 민수는 전형적인 자폐스펙트럼장애아동의 특징을 고스란히 보이고 있었지만 장점도 찾을 수 있었기 때문이다. 비록 자기가 원하는 상황에서만 제한적으로 일어나긴 했지만, 민수는 간혹 치료사와 눈맞춤을 하기도 했고 치료사의 놀이행동을 보고 따라 하려는 시도를 보이기도 하였다.

민수가 낯선 장소와 낯선 사람들에게 반응을 보이고 있다는 것에 우리는 민수의 가능성을 기대하는 마음이 더 커져갔다.

## 전문가 코너 ④
### 자폐스펙트럼 장애에 대한 사회적 지원

우리나라에서 자폐스펙트럼 장애 진단을 받고 사회적 지원을 받으려면 몇 가지 행정절차가 필요하다. 자폐스펙트럼 장애는 정도에 따라서 1~3급으로 나뉘고 등급에 따라 장애인 복지혜택을 받을 수 있다. 장애인 등록은 주민자치센터에서 신청서를 작성하여 장애진단 의뢰서를 받은 후 의료기관에서 장애진단서를 발급받고 그것을 주민자치센터에 접수하면 심사를 거치는데, 종종 심사에서 탈락하거나 등급이 조정되는 수가 있다. 이러한 절차를 거쳐 장애인으로 등록되면 복지카드를 받을 수 있다. 부모가 관심을 가지고 있는 발달재활 서비스는 장애인복지법상 등록 장애에 한하지만, 만 6세 미만 영유아의 경우 의사의 진단서와 검사자료로 대체가 가능하다.

발달재활 서비스는 전국 가구 평균 소득의 150% 이하인 가정을 대상으로 하며 언어와 미술, 음악과 놀이, 감각통합 등 장애아동의 재활 및 발달에 도움이 되는 서비스를 지원금 카드 형태로 각 가구의 소득에 따라 차등 지원한다.

이와 더불어 교육청에서 지원하는 특수교육 대상자 지원 서비스도 이용할 수 있다. 특수교육 대상자 또한 장애인 복지카드가 있는 경우 대상자로 선정되지만, 3~5세 아동의 경우 특수교육 대상자 진단·평가결과 통지서를 제출해도 같은 지원을 받을 수 있다. 특수교육 대상자로 선정되면 만 3세 미만의 장애영아는 장애영아 교육을 무상으로 받을 수 있고, 만 3세 이상 특수교육 대상자는 유치원 과정의 의무교육을 받을 수 있다. 교육에 드는 비용 중 입학금과 수업료, 교과용 도서대금 등도 모두 국가의 지원을 받을 수 있다. 또한 각 지방자치단체의 교육청은 특수교육 대상 학생이 치료 서비스를 받을 때 지원금 형태의 카드를 통해 치료비를 지원하고 있다.

# 약물치료, 득과 실로 저울질 하기

 민수는 산만하고 부주의한, 전형적인 자폐스펙트럼 장애의 특징을 가지고 있었다. 만 4세의 일반아동이라면 1시간 동안 10분 내외 정도 집중이 가능한 데 비해 민수는 의자에 앉아 있는 '착석' 상태를 5분도 버티지 못했다. 치료사의 지시사항을 무시한 채 치료실 이곳저곳을 돌아다니면서 장난감을 가지고 놀기도 하고 열린 문틈으로 어머니의 반응을 살피기도 했다. 이처럼 주의력 결핍과 산만함은 자폐스펙트럼 장애치료에 커다란 걸림돌이 된다.
 2009년 3월 21일, 민수와 민수 어머니가 한국생활에 익숙해질 무렵 안동현 교수에 의해 민수의 약물치료 개입이 결정되었다. 자폐스펙트럼 장애아동이 과잉활동과 자극 민감성, 분노발작을 일으키게 되면 약물 개입이 필요하다. 민수에게 약물치료를 결정한 이유는 치료의 효과를 증진시키고 학습효과를 높일 목적 때문이었다.

모든 치료방법에 대해 그러했듯이 민수 어머니는 약물의 개입도 긍정적으로 수용하였다. 당시 그녀는 민수보다 더 큰 스트레스 상황에 놓여 있었다. 가족과 떨어져 낯선 환경에서 혼자 장애를 가진 자녀를 양육하는 것도 힘들었지만, 무엇보다 민수의 예측되지 않는 문제행동으로 인해 심한 스트레스를 받고 있었다. 약물치료를 통해 민수의 산만함이 완화될 수 있다는 안동현 교수의 설명에 민수 어머니는 큰 희망을 품었다.

그러나 모든 보호자가 민수 어머니처럼 약물치료에 긍정적인 반응을 보이지는 않는다. 보호자의 걱정대로 산만한 행동과 부주의한 행동에 도움을 받을 수 있는 약물은 향정신성 의약품이 대부분이어서, 잘 쓰면 '약'이 되지만 잘못 쓰면 '독'이 된다. 보호자는 자신이 결정한 약이 혹시 아이에게 '독'이 될지도 모른다는 생각에 약물 처방을 주저하고 망설이는 경우가 많다.

민수의 경우처럼 약물 개입이 필요하다고 판단될 때 안동현 교수는 보호자에게 "저도 아이를 키우는 사람입니다"는 말로 설득을 시작한다고 한다. 약을 먹는다고 자폐스펙트럼 장애가 하루아침에 나아지는 것도 아니고 또한 자폐스펙트럼 장애가 생사를 가르는 병도 아니다. 그리고 언제까지 약을 먹어야 하는지 그 기간을 정하기도 어렵다. 그럼에도 약 처방을 내리는 이유는 그만큼 아이에게 필요하기 때문이다. 약물치료에서 가장 중요한 점은 득과 실을 저울질하여 시행 여부를 결정하는 것이다.

자폐스펙트럼 장애아동은 인지, 언어, 정서, 사회성 등 전반적

영역을 발달시키기 위해 꾸준한 치료를 받아야 한다. 그런데 민수는 발에 모터가 달린 것처럼 한 곳에 가만히 있지 못했다. 치료사가 필요한 것 열 가지를 가르쳐도 아이가 산만하다면 그중 하나도 제대로 받아들일 수 없을 것이다. 민수가 반응하지 않으면 어떤 치료도 무용지물이 된다. 그러나 약물치료를 통해 집중력이 향상되면 치료사가 가르치는 전부는 아니더라도 대여섯 개는 효과를 볼 수 있다. 물론 약물 투여로 인한 부작용이 없다고는 말할 수 없다. 민수의 경우도 약물 투입 초기에는 멍한 표정으로 의욕 없는 상태를 보였다. 하지만 면밀한 관찰과 안동현 교수와의 협의를 통해 약물의 양을 조절해 갔다. 우리는 최소한의 부작용으로 민수의 집중력을 강화하는 방법을 찾았다.

약물치료를 시작하면서 민수에게 놀라운 변화가 일어났다. 산만함이 감소되면서 착석이 가능해지고 눈맞춤이나 치료사의 지시 따르기 등 상호작용이 향상되면서 치료시간에 집중하기 시작한 것이다. 가장 큰 변화는 발화량과 발성이 증가하면서 음절수에 맞게 발화하는 경우가 눈에 띄기 시작했다는 점이다. 비록 정확한 발음은 아니었지만 민수는 언어치료사의 지시에 맞추어 자신이 원하는 장난감을 원할 때 "우에요(주세요)"라고 요청하기도 하고 "시시(싫어)" "아이야(아니야)"라고 말하면서 자신이 직접 거부 의사를 밝히기도 했다. 말을 거의 하지 못했고 착석조차 어려웠던 민수가 약물치료를 통해 치료의 기본 태도를 갖추게 된 것이다.

### 전문가 코너 ❺
## 자폐스펙트럼 장애 약물치료의 원칙

아직 자폐스펙트럼 장애아동을 치료하기 위해 법적으로 허가된 치료제는 없다. 또한 모든 자폐스펙트럼 장애아동에게 약물치료를 하는 것은 아니다. 따라서 자폐스펙트럼 장애아동에게 약물치료를 시행할 때는 이같은 한계를 인식한 후에 다른 치료와 병행하여 사용해야 하며, 일반적인 원칙을 분명히 하는 것이 필요하다. 그리고 자폐스펙트럼 장애아동의 전반적인 적응력을 촉진하기 위한 교육적, 환경적, 사회적인 접근과 함께 약물치료를 이용해야 한다. 자폐스펙트럼 장애아동과 청소년, 성인에게 약물치료가 필요한 경우는 대개 다음과 같은 증상 — 과잉활동, 분노발작, 자극 민감성, 위축, 자해행동, 우울, 강박행동이 동반되는 경우이다. 이와 같은 증상을 가진 아동에게 약물치료를 하기 위해서는 다음과 같은 원칙을 지켜야 한다.

- 약물치료에 심리사회적 치료가 병행되어야 한다.

- 약물 투여에 대해 안전하고 지속적인 관리와 모니터링이 되는 생활조건이 갖추어져야 한다.

- 병합되는 질병에 대해 주의 깊게 살펴보고 적절한 치료를 할 수 있어야 한다.

- 시간 경과에 따른 약물 효과를 모니터하는 방법을 세워야 한다.

- 약물 투여에 따른 득실을 계산하고 환자와 가족에게 이를 알린 후 교육시켜야 한다.

# 새로운 도전, 통합교육 어린이집에 들어가다

 자폐스펙트럼 장애의 특성상, 낯선 곳에 갈 때마다 보호자와 아이의 전쟁이 벌어진다. 아이는 산만하게 이곳저곳을 뛰어다니며 장소에 상관없이 드러누워 떼를 쓰고 아무 때나 큰 소리로 울음을 터뜨린다. 아이가 문제행동을 보이면 주변 사람 대부분은 혀를 차며 고개를 흔든다.
 "요즘 어머니들은 못 말려. 아이의 버릇을 잘못 들였군. 적절한 체벌도 필요한데……."
 주변 사람들의 비난을 들을수록 보호자는 점점 더 부정적인 생각을 갖게 되며 아이와의 외출도 꺼리게 된다. 자폐스펙트럼 장애로 발생하는 문제행동은 주변의 신경을 거슬리게 하지만 외형상으로 그 장애를 구분할 수 없기에 사회적인 배려를 받기 힘든 것도 사실이다. 그러나 자폐스펙트럼 장애치료의 궁극적인 목표는 아이가 사회의 한 구성원으로 제 역할을 하고 스스로 생활할 수 있도록 도와주는 것이다. 그러기 위해서는 낯선 환경을 받아들이는 능력이 부족한 아이에게 최대한 다양한 상황을 경험하게 하여 사회생활에 적응할 수 있도록 해주어야 한다. 사람들의 시선과 사회적 편견에 주눅 들어 아이를 집 안으로만 고립시키는 보호자의 행동은 자폐스펙트럼 장애를 치료하는 데 전혀 도움이 되지 않는다.

민수를 일반 어린이집에 등원시키려는 것도 그런 이유 때문이었다. 치료실에서 치료사와 일대일로 제한되는 발달장애 치료교육을 바탕으로 '어린이집'이라는 대집단 사회에 통합되는 경험은 치료가 끝난 이후 민수의 사회적응력에 큰 밑거름이 될 것이라고 우리는 판단했다. 그런데 문제는 민수를 어린이집의 몇 세 반에 넣느냐 하는 것이었다.

민수의 전반적인 발달수준은 당시 만 2세 정도 수준이었지만, 만 4세가 된 민수가 어린이집 2세반에서 수업을 받는 것은 반 친구들과 민수 모두에게 도움이 되지 않을 것이라고 우리는 판단했다. 이미 체형의 차이가 있었기 때문에 민수가 다른 아이들에게 위협적인 존재로 인식될 수 있었고, 민수 역시 지나치게 어린 친구들과 통합되면 또래에 맞는 행동을 배울 수 없었다.

2009년 3월 24일 통합전문가회의에서는 민수를 만 3세반에 입학시켜 장애전담 교사의 도움을 받도록 하는 것이 바람직하다는 결론을 내렸다. 약물치료를 통해 산만함이 감소된 민수는 2009년 4월 2일 구립 버들어린이집 장애통합반에 입학하였다.

30년 전 내가 처음 발달장애 치료교육을 공부하던 때와는 비교할 수 없을 만큼 장애를 바라보는 시각이 변화되고 있는 것은 사실이지만, 아직도 통합반을 바라보는 일반아동 부모의 왜곡된 시선을 부정할 수는 없다. '맹모삼천지교孟母三遷之敎'라는 말도 있듯이 많은 부모가 아이에게 좀 더 나은 교육환경을 제공하기 위해 노력한다. 그런데 통합교육을 진행할 경우 일반아동이 장애아동의 나쁜 습관이나 부적절한 행동을 보고 배울 것이라며 꺼리는 부모가 적지 않다. 그러나 통합교육은 장애아동뿐만 아니라 일반아동에게도 이로운 점이 많다.

통합교육의 효과가 긍정적으로 입증된 곳이 바로 민수가 다녔던 버들어린이집이다. 2009년 4월에 개원한 버들어린이집은 장애아동과 일반아동의 통합교육을 실시하고 있었다. 민수는 버들어린이집의 개원과 함께 입학하여 통합교육을 받기 시작했다. 버들어린이집은 부족한 경험을 열정과 노력으로 채워나가며 유아교육 측면에서 장애아동의 교육과 치료에 많은 관심을 기울였다. 버들어린이집의 원장은 통합전문가회의에 빠짐없이 참석하였고 민수의 어린이집 생활에 작은 변화가 있을 때마다 지체 없이 연구원과 논의하며 교육 방법을 찾아 나갔다. 버들어린이집은 민수의 치료교육 사례 이후 지금도 꾸준히 우리 연구원과 지속적으로 교류하면서 통합반의 교육프로그램을 발전시켜 가고 있다. 모두 민수가 가져온 작지만 의미 있는 변화이다.

버들어린이집 원장의 이야기로는 민수의 등원 첫날, 이미 예상했던 상황이 벌어졌다고 한다. 어머니와 손 사장과 함께 어린이집에 도착한 민수는 2층에 있는 만 3세반 교실까지는 별 저항

없이 무난하게 올라갔지만 교실 앞에 이르자 입실을 거부하기 시작했다. 민수는 친할아버지처럼 따르던 손 사장의 손을 잡아 끌면서 교실로 들어가지 않겠다고 떼를 쓰며 울기 시작했다. 낯선 환경에 민감하게 반응하는 민수가 등원을 거부하리라는 것은 이미 예측 가능한 상황이었다. 그래서 나는 민수의 담임교사는 물론 어머니와 손 사장에게도 어떤 상황에서든 민수의 떼를 절대 받아주지 말라고 미리 말해 두기도 했다.

내가 장애아동의 돌발적인 떼쓰기 때문에 늘 선택의 갈림길에 서 있는 보호자에게 하고 싶은 이야기는, 그 상황이 반복적으로 진행될 것이냐 아니냐에 따라 행동을 결정하라는 것이다. 먼저 어린이집처럼 반복적으로 진행되어야 할 일상의 경우, 그때마다 보호자나 담임교사가 아이를 달래주면 자폐스펙트럼 장애아동에게 잘못된 습관이 생길 수 있다. 자칫 "내가 떼를 쓰면 어린이집에 가지 않아도 된다"는 인식이 자리 잡게 되면 매일 아침 어린이집에 갈 때마다 아이와 힘겨루기를 해야 할지도 모른다. 아이의 태도를 정서적으로 수용할지, 아니면 단호하게 대처할지 보호자가 일관적인 태도를 객관적으로 유지하는 것이 중요하다.

이런 태도가 말처럼 쉽지 않다는 것은 알고 있지만, 자폐스펙트럼 장애치료에는 오랜 시간이 필요하고 보호자의 인내심 여하에 따라 많은 것이 달라진다는 것을 알아야 할 필요가 있다. 아이의 문제행동은 보호자를 힘들게 하기 위한 행동이 아니라 아이가 불안해서 하는 행동이라는 것을 잊지 않는다면 보호자 역시 한결 여유를 가질 수 있다.

당시 민수의 고집에도 어머니가 냉정한 태도를 유지하고 늘 자신의 떼를 받아주었던 손 사장도 요청을 들어주지 않자 어린이집이 떠나갈 듯 울어대던 민수는 20여 분 후 풀이 꺾인 채 '3세 가온반'에 입실했다. 하지만 억지로 교실에 들어간 것에 분이 풀리지 않았던지 민수는 친구들의 머리를 잡아당기거나 휴지통을 발로 차는 등 공격적인 행동을 서슴지 않았다. 그날로 민수는 반 친구들에게 '무서운 아이'가 되어 버렸다.

그러나 다음날 민수는 달라졌다. 민수의 장점이 어린이집에서도 발휘되기 시작한 것이다. 민수는 다른 자폐스펙트럼 장애아동에 비해 규칙을 빨리 받아들이는 편이었다. 연구원에서 치료시간에도 첫 주차에는 어머니와 완전분리가 불가능했지만 2~3번의 치료를 진행하면서 어머니와 완전분리가 가능해졌다. 민수는 자기에게 주어진 상황에 긍정적으로 빨리 적응하는 아이였다. 첫 날, 교실로 들어가는 것에 극렬하게 저항했던 민수는 다음날에는 집으로 돌아가면서 어린이집 교사와 내일 다시 만날 것을 손가락을 걸고 약속한 후 포옹까지 할 정도였다.

민수는 기분 좋은 얼굴로 어린이집에 등원했지만 수업시간에는 교사에게 집중하지 않고 교실 밖으로 나가 엘리베이터 문을 기웃거리거나 화장실 수도꼭지를 트는 등 어린이집 이곳저곳을 탐색하며 돌아다녔다. 한참을 산만하게 행동하던 민수는 어느 순간 반 친구가 그림 그리는 것을 유심히 지켜보더니 자발적으로 교실에 들어가 그 친구를 따라서 사인펜으로 그림을 그리기 시작했다. 무려 20분 동안이나 착석한 상태를 유지한 채 동그라미 그림을 그리면서 즐거워한 것이다.

일반아동에게는 당연한 행동이지만 민수에게는 매우 놀라운 성과였다. 타인에게 관심이 없는 자폐스펙트럼 장애아동인 민수가 타인의 행동을 모방하고 무려 20여 분 동안 자발적으로 착석하여 집중했다는 이야기에 나는 물론 치료사 모두가 놀라며 민수를 칭찬하였다.

어린이집처럼 또래가 모이는 대집단 사회에서 하나의 구성원으로 소속감을 느끼고 싶은 욕구는 일반아동이나 장애아동이나 다를 바가 없다. 장애아동의 부적절한 행동을 수정하거나 혹은 올바른 사회적 상호반응을 이끌어내기 위해서는 치료사나 어린이집 교사가 말로 설명하는 것보다 또래 아이들의 행동을 보고 따라 하는 것이 더 큰 치료 효과를 보일 때가 있다. 이것이 바로 통합교육의 힘이었다.

또한 대집단의 사회통합 경험은 자폐스펙트럼 장애아동이 가지고 있는 문제점을 명확하게 살필 수 있는 기회가 되기도 한다. 민수는 낯선 환경에 대한 두려움이 큰 아이였다. 민수가 적응하는데 오랜 시간이 걸린 곳이 바로 어린이집의 '식당'이었다. 간식을 먹기 위해 식당에 간 민수는 첫날부터 식당에 들어가는 것을 거부했다. 자신이 속한 가온반 교실보다 더 많은 어린이가 함께 있는 환경을 두려워하는 듯이 보였다. 식당뿐만 아니라 통합 활동을 위해 다른 반과 혼합되어 또래 친구의 숫자가 많아지면 민수는 어김없이 긴장하거나 떼를 썼다.

이와 반대의 경우에도 민수는 불안해하며 떼를 썼다. 한번은 민수가 수업시간보다 일찍 등원한 적이 있었다. 기분 좋게 가온 반을 찾은 민수는 교실에 반 친구들이 하나도 보이지 않자 입실을 거부하고 고집을 피우기 시작했다. 한참을 서성이며 교실로 들어가지 않으려던 민수는 친구가 하나둘씩 교실에 들어가자 그제서야 안심하고 교실로 들어갔다.

민수가 또래 아이들과 다른 반응을 보이면 버들어린이집 원장은 즉각적으로 나에게 조언을 구했다. 또한 민수에게 새로운 환경을 받아들이도록 해야 할지 아니면 달래야 할지 판단이 서지 않은 경우는 항상 전문가의 의견을 듣고 반영하였다. 그때마다 나는 민수가 가진 장애의 특징을 충분히 설명한 후 효과적인 교육방법을 조언했다.

자폐스펙트럼 장애를 가진 아이는 자신이 예측할 수 없거나 예측과 어긋난 상황이 닥칠 경우 이를 거부하며 받아들이려고 하지 않는다. 이럴 때는 무조건 강압적인 태도를 보여 강요하는 것보다 새로운 상황에 대한 안내와 이해를 통해 사전에 준비를 철저히 해서 아이가 그 상황을 받아들일 수 있도록 도와주는 것이 필요하다. 버들어린이집의 원장도 연구원에서 조언하는 교육방법을 긍정적으로 받아들여 민수에게 필요한 교육을 제공하기 위해 노력을 아끼지 않았다.

민수는 어린이집에서 기본적으로 선생님에게 일일이 지시를 받긴 했지만 관찰을 통해 또래 친구들이 하는 대로 사인펜이나 풀 등 자신이 쓴 도구의 뚜껑을 닫아 뒷정리를 하기도 하고 줄서서 간식 받기 등 차례를 지키는 사회적 규범도 하나둘씩 익혀 나갔다. 가끔 오랫동안 착석하지 않고 산만한 행동을 보이기는 했지만, 대체로 선생님의 지시에 순응하면서 어린이집이라는 대집단 사회에 우리의 생각보다 빨리 적응하기 시작했다.

**전문가 코너 ⑥**

## 일반아동에 대한 통합교육의 효과

- 인성발달 및 도덕심을 기를 수 있다.
- 자기중심적인 사고에서 벗어나 타인 중심적인 사고를 형성하면서 타인을 이해하고 받아들이는 능력을 기를 수 있다.
- 일종의 사회적 책임감을 학습하며 폭넓은 인생관과 세계관을 형성할 수 있다.
- 다양한 개인이 모여 한 사회의 구성원을 형성하는 것을 자연스럽게 익히며 생각하는 기초 능력을 기를 수 있다. 또한 한 사회 구성원의 이질성에 대해 인정하고 수용하며 함께 살아갈 수 있는 능력의 기초를 쌓을 수 있다.
- 삶에 대해 보다 긍정적이고 자율적인 자아를 도모할 수 있다.

## 장애아동에 대한 통합교육의 효과

- 일반아동과의 교류를 통해 나이에 맞는 일상생활 적응 능력과 의사소통 능력을 기를 수 있다.
- 정상적인 발달을 보이는 또래와의 통합을 통해 바람직한 생활태도를 형성할 수 있다.
- 친구들 간의 상호작용을 통해 사회성 발달을 촉진할 수 있다.
- 또래 친구와 어울리면서 자신이 그 집단에 소속되어 있다는 정서적인 안정감을 찾을 수 있다.
- 유치원이나 어린이집에서 통합교육을 통하여 훗날 사회생활을 하면서 보다 자연스럽게 대응할 수 있는 능력을 키울 수 있다.
- 일반아동과 서로 도우며 협력하는 능력을 키울 수 있고, 독립심을 형성하고 자아를 발달시킬 수 있다.

## 작은 변화에도 감사하라

약물치료가 병행된 이후 민수의 산만함은 눈에 띄게 감소하기 시작했다. 연구원에서는 민수의 치료시간에 놀이와 상호작용에 더욱 주의를 기울였다. 민수는 비눗방울 놀이를 하고 싶을 때면 비눗방울을 치료사에게 가져오라고 요구하는 행동에 그치지 않고 "에(해)"라고 말해 치료사에게 자신의 요구사항을 알리며 상호작용의 물꼬를 트기 시작했다. 민수의 잠재력은 자신이 좋아하는 놀이를 할 때 두드러지게 나타났다.

남자아이 대부분이 생애 첫 장난감으로 자동차나 기차 등의 탈 것에 집중하는 경우가 많은데 민수 역시 자동차에 관한 관심이 남달랐다. 하나의 물건에 관심을 집중하는 것은 아이의 전반적인 발달에 좋은 영향을 미치지는 않지만, 그렇다고 해서 그 물건을 아예 빼앗아 버리는 것 또한 옳지 않은 방법이다.

치료는 아이가 좋아하는 물건이나 장난감으로부터 시작되는 경우가 많다. 아이의 주의력을 집중시키고 아이와 상호작용을 하기 쉽기 때문이다. 민수의 발음에서 관찰되지 않았던 'ㅂ'을 가르치기 위해 언어치료사는 자동차의 '빵빵' 소리를 흉내 내기도 하고, 놀이치료사는 자동차를 매개로 사람을 초대하고 배웅하는 등 사회적인 행동을 상징적으로 가르치기 시작했다. 언제나 자동차를 매개로 한 치료는 민수에게 성공률이 높았다.

민수의 발전된 모습은 치료실에서만 국한되지 않았다. 정확한 발음이 되지 않아 의사소통은 어려웠지만, 그래도 민수는 행동이 아니라 말로 의사소통을 하려고 시도하고 있었다. 어린이집에서도 민수는 관심을 보이지 않았던 반 친구의 행동을 유심히 관찰하는 시간이 늘었고 또래 아이의 행동을 모방하는 경우가 관찰되었다.

타인에게 관심을 기울이지 않는 것은 자폐스펙트럼 장애의 특성이다. 민수 역시 사람들에게 인사를 하는 이유도, 해야 하는 필요성도 알지 못했다. 매일 만나는 어린이집의 담임교사는 물론 원장에게도 좀처럼 인사를 하는 법이 없었다. 민수 어머니가 민수에게 인사를 하라고 재촉해도 민수는 멀뚱히 어머니만을 바라본 채 어머니가 바라는 것이 무엇인지 알지 못했다. 그런 민수에게 '인사법'을 가르쳐 준 사람은 치료사도, 어린이집 담임교사도 아닌 또래 친구였다. 반 친구가 교사를 만나면 배꼽에 손을 모으고 고개를 숙여 인사하는 것을 물끄러미 바라보던 민수는 어느 날부터 친구를 따라 어린이집 교사에게 인사를 하기 시작했다. 누가 일러주지 않아도 반 친구의 행동을 따라 하며 생활에 필요한 기술을 익히기 시작한 것이다.

그러나 모든 곳에서 치료의 성과가 나타난 것은 아니었다. 민수는 작은 일상부터 학습, 치료까지 생활 전반을 새롭게 구조화하는 과정중이었다. 주변 모든 사람이 민수에게 지시를 하고 있었고 민수는 그 지시에 순응해야 하는 처지였다. 장애를 가진 만 4세의 아이로서는 조절하기 어려운 스트레스였을 것이다. 밖에서는 모든 선생님에게 칭찬을 받는 민수였지만 엉뚱한 곳에서 자신의 스트레스를 풀 게 되었는데, 그 대상은 바로 어머니였다.

자폐스펙트럼 장애를 가진 자녀를 키우는 것은 인내의 연속이다. 아무리 말로 설명을 듣는다 해도 직접 경험하거나 곁에서 지켜보지 않으면 그 어려움을 절대로 공감하지 못한다. 아이를 양육하는 보호자는 늘 긴장한 상태로 아이에게서 한시도 눈을 뗄 수 없다. 아이의 행동과 치료교육의 모든 결과를 자신의 어깨에 짊어지고 1년 365일, 하루 24시간 아이의 모든 행동에 관심을 기울여야 한다. 양육에 대한 부담감과 스트레스로 많은 자폐스펙트럼 장애아동의 보호자가 우울증을 앓기도 한다. 더욱 안타까운 점은 보호자가 자신을 돌보는 일에는 신경을 쓰지 않는다는 것이다.

자폐스펙트럼 장애를 치료하는 데 드는 시간과 비용 투자가 만만치 않기 때문에, 자신보다는 아이에게 도움이 되는 치료를 한 시간이라도 더 받게 하고 싶은 것이 부모의 마음이다. 나는 보호자에게 양육 당사자의 스트레스를 완화하고 아이에게 필요한 다양한 생활 기술을 습득하기 위한 부모교육과 상담을 꼭 받으라고 말하지만, 지속적으로 진행하는 사례가 안타깝게도 드물다. 민수 어머니 또한 치료 초기에 부모교육과 상담을 받는 것을 꺼렸다. 그러다가 자신보다 민수에게 도움이 된다는 말에 부모교육과 상담을 받기 시작했는데, 이후 3년간의 긴 치료에서 그녀가 중심을 잃지 않고 민수의 보호자로 곁을 지킬 수 있었던 배경에는 부모교육과 상담의 도움이 컸다고 믿는다.

● 놀이치료실에서 민수가 가장 좋아한 장난감은 자동차였다.
자동차를 매개로 한 치료는 민수에게 성공률이 높았다

"민수 어머니, 민수를 키우면서 가장 어려운 점이 무엇인지 열 가지만 적어보세요."

부모교육과 상담시간이면 보호자들에게 항상 하는 질문이다.

보호자는 자폐스펙트럼 장애아동을 키우며 늘 "어렵다" "힘들다" "고되다"라고 두루뭉술하게 이야기하는데, 이 질문을 통해 자신이 느끼는 어려움의 근원이 무엇인지 객관적으로 돌아볼 수 있게 된다.

아이의 특성이나 증상 그리고 보호자가 처한 환경에 따라서 각기 다르지만, 모든 보호자의 공통점은 그 열 가지를 채우는데 꽤 오랜 시간이 걸린다는 것이다. 많은 보호자가 완치에 대한 두려움과 자립에 대한 가능성 등 단시간 내에 해결할 수 없는 어려움을 끌어안고 산다. 오늘 당장 해결할 수 없는 문제와 보호자 혼자서 고칠 수 없는 문제점을 추려내고 나면 보호자가 어려움을 느끼는 이유는 3~4가지 정도 남게 된다. 부모교육과 상담시간에는 그 3~4가지의 문제를 함께 고민하며 일상생활에서 보호자가 받는 스트레스를 줄이는 방법을 모색한다.

민수 어머니는 민수의 말문이 트이지 않는 것과 해결되지 않는 민수의 문제행동으로 인해 스트레스를 받고 있었다. 또한 민수의 치료에 대해 긍정적으로 기대하는 만큼 좋아질 수 있을까 하는 두려움을 가지고 있었다. 그리고 치료실이라는 제한된 공간 안에서는 민수가 자발적으로 치료사와 눈맞춤도 하고 치료사의 지시에 순응하는데 반해 아직 일상생활에서는 발전이 없다는 것에 크게 실망하고 있었다. 그녀는 아이가 자신의 부름에 반응하지 않고 자신의 지시에는 순응하지 않는다는 것에 서운함을 넘어 좌절감을 느끼고 있었다.

"서운하시죠?"

예의 바르고 이성적인 성품의 민수 어머니는 나의 물음에 그저 고개만 끄덕였다.

"치료실에서는 눈맞춤도 하고 선생님 말씀도 잘 듣는데, 집에 가면 같은 것을 시켜도 하지 않고 변화가 없으니 속상할 거예요. 치료실에서 변화된 모습이 일상생활에서도 나타나려면 아무래도 시간이 걸려요. 그때까지 어머니가 여유를 가지며 기다리는 수밖에 없어요."

'여유를 가지며 참고 기다리는 것'은 자폐스펙트럼 장애아동을 키우는 보호자가 반드시 가져야 할 마음가짐이다. 자폐스펙트럼 장애아동은 하루하루 맞이하는 일상생활에서도 수많은 문제점이 드러난다. 한 번에 하나씩 문제행동을 수정해 나가고 아이의 작은 변화에도 감사하며 앞으로 나아가는 것이 자폐스펙트럼 장애를 치료하는 과정이다. 성급하게 접근하면 보호자도 쉽게 지칠 뿐 아니라 아이에게도 부정적인 영향이 나타난다.

자신의 삶에서 늘 높은 목표를 설정하고 온 힘을 다해 노력했던 민수 어머니는 민수를 치료할 때도 같은 방법으로 접근했다. 그녀는 목표를 높게 설정하고 열심히 노력하면 민수도 좋은 성과를 얻을 수 있을 것이라고 생각했다. 그러나 자폐스펙트럼 장애아동을 치료할 때는 민수 어머니의 방법이 결코 옳다고 말할 수 없다. 높은 목표를 설정한 만큼 민수 어머니는 조급해했다. 문제행동을 보이는 민수의 마음을 읽고 반응하기보다는 감정적으로 반응하여 금지와 제지를 통해 민수의 문제행동을 수정하려고 했기 때문이다. 민수가 식사하기, 옷 입기 등의 일상적인 신변처리를 할 때도 마음이 다급하여 일방적으로 도움을 주었기 때문에 오히려 민수 스스로 배워나갈 기회를 앗아가고 있었다.

민수 어머니는 부모교육과 상담시간에 늘 노트와 볼펜을 들고 와 하나라도 놓치지 않겠다는 듯이 집중했다. 그런 민수 어머니에게 나는 농담 삼아 "공부하지 말고 아이를 키우라"고 이야기하곤 했다. 그리고 '참고 기다리는 것만큼 아이가 자란다'는 이야기를 매시간 빠뜨리지 않고 강조했다.

숟가락질을 하지 않으려는 민수에게 어머니가 억지로 밥을 먹이는 대신 숟가락과 친해지는 방법을 가르치는 게 우선이라고 했다. '숟가락으로 구슬 옮기기' 등의 놀이를 통해 숟가락에 대한 민수의 거부감을 없애고 소근육을 발달시키는 운동을 시켜보라고 그녀에게 숙제를 내주었다. 무엇보다 민수 스스로 숟가락질을 할 때까지 참고 기다리라고 당부했다.

"민수가 이제 조금씩 숟가락질을 해요."

성실했던 민수 어머니는 부모교육과 상담시간에 약속했던 것을 집에서도 반복적으로 수행했고, 그 성실성은 민수의 발전에 큰 도움이 되었다. 그렇지만 민수 어머니는 아직 감정 표현이 서툴렀고 여전히 민수에게 많은 기대를 하고 있었기 때문에 민수의 작은 성과에도 둔감한 것이 사실이었다. 자폐스펙트럼 장애 아동을 키울 때 보호자가 작은 것에도 감사하는 마음가짐을 갖지 못하면 쉽게 지치게 되고, 때로는 아이의 치료를 포기하는 극단적인 경우까지 생긴다. 민수의 변화가 별일 아니라는 듯이 이야기하는 민수 어머니를 볼 때마다 나는 안타까웠다.

"무슨 소리에요! 민수가 할 수 있는 것이 하나 또 늘었네요. 이제 민수는 어디 가서도 밥은 안 굶겠어요."

아주 사소하고 작은 변화라도 민수의 발전에 중요한 원동력이 된다는 것을 민수 어머니에게 끊임없이 알려주었다. 그날도 나의 농담 섞인 칭찬에 민수 어머니는 희미하게 미소를 지었다. 부모교육과 상담이 계속되면서 민수 어머니는 현실에 맞게 조금씩 자신의 욕심을 내려놓고 그만큼 감정을 표현하는 방법을 배워갔다. 그리고 문제행동을 보이는 민수의 마음을 읽기 위해 노력을 아끼지 않았다.

처음 연구원을 방문했을 때는 어두운 표정에 좀처럼 웃지 않던 민수 어머니였지만 민수가 발달을 보이기 시작하자 조금씩 표정이 밝아지기 시작했다. 그러나 자폐스펙트럼 장애아동을 양육하는 것은 살얼음판을 걷는 것과 같다. 다른 가족들과 떨어진 낯선 곳에서 두 모자는 그 예측 불가능한 길을 걸어가며 많은 상처와 혼란을 겪는 듯이 보였다. 그러나 아픈 만큼 몸도 마음도 성장하고 있었다.

## 참고 기다린 만큼 아이는 자란다

　약물치료의 도움을 받고 치료사가 일대일로 주의를 기울여 치료를 진행한다고 해도 치료시간 내내 치료사에게 집중하는 자폐스펙트럼 장애아동은 드물다. 일반아동도 만 4세의 경우 적절한 자극이 없다면 집중하는 시간이 1시간 동안 10분 내외에 불과한데, 하물며 자폐스펙트럼 장애를 가진 아이가 치료가 진행되는 30~45분의 치료시간 동안 집중할 수 있는 시간은 그리 길지 않다.
　민수 역시 치료사와 의사소통 하려는 시도도 늘고 치료사의 행동을 모방하며 조금씩 자신만의 세계에서 빠져나오려고 노력했지만, 아쉽게도 치료시간 내내 집중력을 보이지는 못했다. 민수는 장난감을 던지기도 하고 치료사의 제지에도 창틀에 매달리거나 치료실 밖으로 나가려는 등의 부적응행동을 보였다. 그러나 자폐스펙트럼 장애의 정도와 특징, 지능에 따라 구조화된 치료 방법을 받아들이는 속도가 달라지긴 하지만 수업 방식에 적응하면 부적응행동도 서서히 감소되기 시작한다. 민수도 차츰 나아지기 시작했다. 민수는 치료를 시작한 지 6주 만에 음악치료 수업의 처음부터 끝까지 부적응행동 없이 참여하여 음악 치료사는 물론 다른 치료사까지 놀라게 했다.

민수의 초기 치료개입 시에 눈에 띄는 진전이 관찰된 것은 대부분 음악치료 시간이었다. 조기 음악 이론가인 고든Edwin E. Gordon 박사가 자신의 저서인 『영유아를 위한 음악학습이론(A Music Learning Theory for Newborn and Young Children)』에서 '음악은 아이에게 꼭 필요한 자신만의 상상력을 갖게 하고, 아이의 삶을 더욱더 풍요롭게 한다'라고 이야기한 것처럼 음악은 자폐스펙트럼 장애치료에 중요한 도구가 된다. 자폐스펙트럼 아동은 치료사와 함께 악기를 연주하면서 타인에 대해 인식하고 부적응행동을 감소시키며 음악을 매개로 의사소통 기술을 발전시킨다. 자폐스펙트럼 장애아동에게는 '언어'를 사용하는 치료보다 '박자'와 '음정'을 활용하여 상호작용을 강화하는 음악치료가 효과적이다. 자폐스펙트럼 장애뿐만 아니라 다양한 원인의 발달장애를 치료할 때도 음악치료를 활용하고 있다.

책상을 마주하고 의자에 앉은 후 선생님과 마주보며 진행하는 다른 치료와 달리 음악치료 시간은 악기를 연주하는 공간에서 바로 치료가 시작된다. '딩동딩동' 핸드벨을 잡고 흔드는 순간, '투닥투닥' 북을 치는 순간 아동의 연주가 시작된다. 아이들이 아무런 규칙이 없는 소리를 낼 때마다 음악치료사는 분주해진다. 아이가 내는 소리에 치료사가 화음을 넣으며 소리를 풍성하게 해주면 아이들은 물끄러미 음악치료사를 바라보곤 한다. 함께 연주하는 소리가 마음에 들면 아이는 치료사의 소리에 맞추어 좀 더 예쁜 소리를 내기 위해 노력하기도 한다. 그 순간, 악기를 함께 연주하며 타인에 대한 관심과 인식을 가져오게 하는 음악치료의 마법이 비로소 시작되는 것이다.

처음 음악치료를 시작할 때부터 민수는 악기에 대한 호기심이 많았다. 다양한 악기가 내는 소리에 관심을 가졌고 자신이 원하는 악기는 책상 위에 쌓아 자신만의 영역을 만든 후 치료사도 만지지 못하게 했다. 음악치료를 진행하면 할수록 민수가 가지고 있는 음악적 능력도 발휘되기 시작했다.

음악치료사 또한 통합전문가회의를 통해 민수의 발달목표를 충분히 이해하고 음악치료 시간에 그 목표를 이루기 위해 노력하였다. 치료가 시작되면 무조건 착석부터 지시하지 않고 민수가 좋아하는 자동차 소리를 연주해주거나 비행기 노래를 불러주는 등 민수의 관심사에서부터 자연스럽게 음악적 반응을 일으키고, 이를 통해 확장된 반응과 활동 욕구를 촉진하는 다양한 시도로 민수의 정체된 감각을 이끌어 내는 치료를 진행하였다.

자신의 영역을 만들어 그 안에만 있으려는 민수에게 치료사가 의도적으로 낯선 악기를 연주하는 모습을 보여주면 민수는 그곳에서 나와 함께 악기를 연주하기도 했다. 음악치료가 시작된 지 두 달이 되지 않아 민수는 배경 음악을 따라 치료사와 함께 박자에 맞추어 연주할 만큼 적극적인 모습을 보였다.

박자에 맞추어 타악기를 연주하는 것은 대부분의 아이가 자연스럽게 익히는 행동이라고 생각할 수 있다. 하지만 자폐스펙트럼 장애아동은 물론 만 4세 정도의 일반아동에게도 이것은 쉽지 않은 일이다. 음악을 듣고 그 규칙성을 이해한 후 박자를 예측하여 자발적으로 자신의 근육을 움직여 악기를 연주하는 일련의 과정을 이해하고 실행해야 하기 때문이다. 민수는 일반아동의 발달 속도에 뒤지지 않는 속도로 빠르게 음악치료에 적응하고 있었다. 치료시간에 자발적인 참여가 늘고 모방 능력이 향상되면서 부적응행동도 감소하고 있었다.

● 음악치료에 사용되는 악기들. 음악치료는 다양한 원인의 발달장애를 치료할 때도 활용된다

그러나 집에서 민수는 연구원에 있을 때와 전혀 다른 모습을 보이고 있었다. 어린이집에 등원하기 전에는 가기 싫다고 울먹였고 집에 돌아와서는 힘들다고 떼를 썼다. 치료실에도 들어가기 싫다고 고집을 부리는 민수 때문에 민수 어머니는 아침마다

민수와 실랑이를 벌여야 했다. 치료의 '허니문 기간'이 끝나가고 있다는 예감이 들었다.

많은 자폐스펙트럼 장애아동이 치료 개입 초기에는 꽤 많은 발전을 이룬다. 자신이 원하는 장난감이 가득 찬 방에서 자신의 행동을 수용해주고 포용해주는 치료사의 격려를 받으면 상호작용이 증가하고 호명에도 반응한다. 이때를 가리켜 치료사들은 '허니문 기간'이라고 부른다. 허니문 기간의 성과가 클수록 보호자는 희망에 부푼다. 치료 개입 초기의 속도대로 발달한다면 곧 아이가 일반아동의 발달 속도를 따라잡을 것이라고 생각하기 때문이다. 그러나 자폐스펙트럼 장애아동이 외부 환경에 둔감하다고 자신의 내면에서 일어나는 변화에까지 둔감한 것은 아니다. 지속적인 치료 개입으로 마음에 변화가 생겼다는 것을 깨닫는 순간, 아이는 자신만의 세계로 침입하려는 변화에 부정적인 반응을 보이기 시작한다.

그날도 민수는 통통 부은 얼굴로 연구원을 찾았다.

"민수야, '선생님 안녕하세요'라고 인사해야지!"

나는 민수의 이름을 부르며 눈맞춤을 요구했지만 무엇 때문에 기분이 나쁜지 민수는 그날따라 전혀 반응을 보이지 않았다. 통통 부은 민수와는 달리 피곤한 기색이 역력해 보였던 민수 어머니는 연구원으로 오는 내내 민수와 실랑이를 했다고 사정을 설명했다. 민수가 보이는 성과와는 별개로 민수 어머니도 민수도 힘든 시간을 보내고 있었다.

치료적 허니문 기간이 끝나면 많은 아이에게 저항기가 온다.

뭐든지 하기 싫다고 투정을 부리고 모든 스트레스를 보호자에게 쏟아낸다. 저항기 역시 아이 스스로 세상에 나오기 위한 힘든 치료적 과정이다. 반드시 거치는 과정이지만, 갑자기 보이는 아이의 저항에 보호자는 심리적으로 어려움을 겪는다. 치료사가 보호자에게 미리 아이의 발달 단계를 충분히 설명하고 저항기에 대비할 수 있도록 도와주긴 하지만, 치료 초기에 많은 발전을 보인 아이의 보호자일수록 더 큰 실망을 한다. 그러나 보호자의 피로를 풀어주는 사람 역시 '자신의 아이'다.

혹 치료를 거부하지 않을까 걱정했지만 민수는 음악치료사와 함께 치료실에 입실하자마자 큰북과 심벌즈 위주로 뚱땅거리며 연주를 시작했다. 그러고는 조금씩 익숙해진 톤바 악기로 이동했다. 배경음악을 틀어주자 노래에 맞추어 리듬패턴 연주도 하기 시작했다. 민수는 다양한 타악기를 이용해 마치 마음속에 쌓여 있는 스트레스를 풀어내듯이 온몸을 활용하여 진지하게 연주를 했다. 치료사는 배경음악을 멈추고 신이 나 연주하는 민수를 즉흥 연주와 노래로 격려했다.

"민수는 힘이 세! 큰 소리로 연주해!"

치료사의 격려에 용기를 얻은 민수는 더욱더 큰 소리로 악기를 연주했고 민수가 연주하는 악기 소리는 연구원을 가득 메웠다.

치료사가 민수의 연주에 맞추어 노래를 시작하자 민수도 가늘지만 정확한 음정으로 허밍하기 시작했다. 그때를 놓치지 않고 치료사는 새로운 악기를 민수에게 건네주었다. 민수는 치료사가 건네준 악기로 자연스럽게 바꿔 연주하며 집중하는 시간을 이어갔다. 그로부터 20여 분 동안 책상을 마주하고 앉은 상태에서 민수가 관심을 보이는 악기를 치료사가 적극적으로 연주해주거나 민수의 목소리를 악기로 반영해주며 노래 한곡이 모두 끝날 때까지 민수와 눈맞춤을 하면서 합주를 진행했다. 40분의 치료시간 내내 민수는 흐트러짐 없이 치료사와 상호작용을 한 것이다.

치료시간이 끝나고 굿바이 송이 나오자 아쉬운 듯 한숨을 내쉰 민수는 아무도 시키지 않았음에도 스스로 치료사에게 인사를 하며 기분 좋게 치료를 마무리했다. 치료시간 내내 민수의 연주 소리를 듣고 있던 민수 어머니도 민수가 치료실에 들어갈 때와 다르게 흐뭇한 미소를 짓고 있었다.

치료가 끝나고 집에 돌아가는 민수를 나는 다시 잡았다.

"민수야, 인사하고 가야지!"

민수는 비록 나와 눈을 마주치지는 않았지만 고개를 끄덕이는 행동으로 인사를 건넸다. 40분 만에 변화된 아이의 행동에 민수 어머니와 나는 눈인사를 건넸다. 민수 어머니는 치료실에 도착했을 때와 달리 밝은 얼굴로 집으로 향했다.

자폐스펙트럼 장애아동은 늘 지시상황에 놓인다. "밥을 먹을 때는 숟가락을 사용해야 해" "'우' 소리는 이렇게 내야 해" "장난감을 던져서는 안 돼" 등등 학습뿐만 아니라 일상생활 모두가 금지와 제시로 이루어진다. 스스로 이해하고 따라오기도 하지만, 외부자극에 의해 억지로 순응하는 경우도 많다. 누구나 그렇듯 아이 역시 금지와 제시로 인한 억압적 분위기가 계속되면 마음에 점점 응어리가 맺히고, 나중에는 공격적인 행동으로 폭발할 수도 있다. 자폐스펙트럼 장애치료는 제한된 환경에서 지속적인 지시를 통해 발달이 지체된 아이의 심리적·정서적·인지적 발달을 이끌어내야 하므로 치료를 진행하면서도 자폐스펙트럼 장애 아동이 느끼는 어려움과 스트레스를 수용하고 표출할 수 있는 창구를 반드시 마련해주어야 한다. 민수의 경우에는 타악기를 연주하는 음악치료 시간에 자신의 스트레스를 표출하고 조절할 수 있었다. 무엇보다도 중요한 것은 선생님과 함께 합주하면서 음악을 완성해 나가는 성취감을 얻고 '나도 할 수 있다!'는 자신감을 갖게 된 것이었다.

많은 사람이 자폐스펙트럼 장애인은 일반인과 전혀 다른 사람이라 생각하여 편견으로 대하는 경우가 많다. 영화나 TV 같은 언론매체에서 자폐스펙트럼 장애를 특별한 장애로 묘사했던 탓도 있다. 그러나 자폐스펙트럼 장애를 가지고 있다고 해도 일반인과 특별히 다른 점은 없다. 힘들면 떼를 쓰고 아프면 울며 무언가를 이루어 내면 가슴 뿌듯한 성취감을 얻는 것 또한 일반인과 다를 바 없다. 다만 그 속도와 표현방식이 일반인과 다를 뿐이다. 음악치료 시간에 흠뻑 땀을 흘리며 집중한 후 개운한 표정으로 돌아가는 민수를 보며 자폐스펙트럼 장애치료에서 가장 중요한 것은 아이가 스스로 발달해나갈 수 있도록 기다려주는 것이라는 점을 나는 다시금 깨달을 수 있었다.

### 전문가 코너 ❼
## 음악치료의 목표

미국음악치료협회AMTA의 정의에 의하면 음악치료는 치료적인 목적과 함께 내담자의 정신과 신체 건강을 복원 및 유지시키고 향상시키기 위해 음악을 사용하는 것을 뜻한다.

현재의 음악치료는 첫째, 장애아동의 다양한 기능적 향상과 교육적 효과를 기대하는 음악치료 교육, 둘째, 심리 치료적 매체로서의 음악심리 치료, 셋째, 의료재활 상황에서의 임상 음악치료 등 다양한 영역에 적용되고 있다. 특히 음악치료는 비언어적 의사소통을 통한 사회적 환경에의 접촉, 적은 요구수준에서의 완성경험, 신체·심리적 이완 및 균형회복과 상동 행동 등을 감소시키는 데에 효과적이기 때문에 발달장애를 가진 아동에게 많이 사용되고 있다.

자폐스펙트럼 장애아동의 음악치료는 주요 증상 및 특징에 기초하여 실시한다. 음악치료를 통해 아동 자신과 타인에 대한 인식을 가져오고 부적응행동 또는 상동 행동을 감소시키며 의사소통 기술을 발달시키는 데 그 목표가 있다. 이를 위해 노래와 챈트, 즉흥연주와 재창조연주, 음악게임 등 음악의 각 요소와 연결된 놀이 활동 등 다양한 음악치료적 중재가 이루어진다.

이러한 음악치료 활동의 궁극적인 목표는 자폐스펙트럼 장애를 완치하는 것이 아니다. 아동이 가진 강점을 최대한 발견하고 이를 활용하여 생활영역 안에서 생활에 적응해 나갈 수 있도록 하는 것이 음악치료의 목표이다.

## 저항기, 더 큰 발전으로 가기 위한 디딤돌

 부적응행동이 줄고 상호반응이 늘면서 민수에게도 정서적인 반응이 나타나기 시작했다. 민수는 음악치료 초기에도 밝고 경쾌한 장조Major scale음악에는 활발하게 반응했지만 서글픈 분위기의 단조Minor scale음악에는 반응을 멈추곤 했다. 음악치료 시간에만 보였던 이런 반응이 다른 치료시간에도 보이기 시작한 것이다.
 언어치료 시간에 민수는 비행기 날개를 떼어버리는 놀이를 즐겼다. 치료사가 일반적인 목소리로 "민수야, 비행기 날개 끼워줘"라고 부탁하면 들은 척도 하지 않고 아무런 반응을 보이지 않았지만 슬픈 목소리로 다시 부탁하면 놀란 듯이 치료사를 가만히 쳐다보다가 비행기의 날개를 끼워주었다.
 "민수야, 고마워."
 민수가 날개를 끼워준 비행기를 들고 치료사가 즐거워하면 어느새 달려와 다시 떼어버리긴 했지만, 분명 이전에는 보이지 않았던 괄목할 만한 발전이었다. 다른 사람의 존재는 관심도 없고 정서를 이해하지도 못했던 민수가 치료사의 목소리와 억양, 표정에서 정서를 이해하고 반응한다는 것은 민수의 인지 기능은 물론 사회성도 발달하고 있다는 증거였다.

어린이집과 치료에 무난하게 적응하자 통합전문가회의에서는 '학습치료' 시간을 추가하기로 결정했다. 2009년 6월부터 민수는 주 1회 학습치료를 받게 되었다. 그러나 학습치료 첫 시간, 민수는 치료사의 지시에 따르지 않고 의자에 앉지도 않은 채 치료사를 경계하며 산만한 행동을 보였다. 낯선 곳, 낯선 사람에 대한 두려움을 가지고 있던 아이라 다시 익숙해질 시간이 필요한 것 같았다.

이런 민수지만 낯선 사람에게 호의적인 반응을 보일 때도 있었다. 치료사나 교사가 '남자'일 경우에 민수는 그들을 거부하지 않았다. 어린이집에서도 남자 체육교사의 지시는 별 거부감 없이 받아들였고 어린이집의 도우미 교사가 할아버지일 경우, 비록 적절한 행동은 아니었지만 먼저 다가가 호감을 표시하곤 했다. 그 모습을 보니 무의식 중에 중국에 있는 아버지와 친할아버지처럼 따르는 손 사장을 그리워하고 있었던 것은 아닐까 하는 생각이 들어 애잔해졌다.

2009년 6월, 아버지와 손준규 사장이 한국을 찾았다. 특히 손 사장의 존재는 민수에게 천군만마와 같았다. 주변의 어른 모두가 민수에게 지시하고 금지하는 데 반해 손 사장은 민수의 모든 요구를 무조건 받아주는 사람이었기 때문이다. 태어나면서부터 친손자처럼 아낀 민수에게 장애가 있다는 것을 안타까워하면서 민수의 요구는 한 번도 거절하지 않고 따뜻하게 포용해주었다. 그런 든든한 원군이 생겼으니 민수의 치료가 제대로 진행될 리 없었다.

마침 이때는 치료 진전 과정에서 발생하는 저항기에 해당하는 시기였다. 자폐스펙트럼 장애아동이 치료 기간에 보이는 저항기를 무조건 부정적으로 생각할 필요는 없다. 아이는 지속적인 치료를 통해 자신과 세상을 가르는 벽이 허물어지고 있다는 것을 직감적으로 깨닫는다. 그럴 때면 더 큰 변화가 오는 것을 주저하면서 치료에 저항하는 경우가 종종 발생한다.

그러나 초기 치료개입을 통해 많은 성과를 거둔 아이의 보호자일수록 치료적 저항기를 무겁게 받아들인다. 어제까지 밝은 얼굴로 치료에 임했던 아이가 오늘은 갑자기 치료를 받지 않겠다고 떼를 쓰기 시작하면 보호자는 갈등에 빠진다. '이 치료가 아이의 발전에 별로 도움이 되지 않는 것이 아닐까?' '다른 치료기관을 알아볼까?'라는 고민도 하게 된다. 그러나 치료적 저항기는 더 큰 발전으로 가는 준비기간이다. 이 시기를 어떻게 보내느냐에 따라 이후 발전 속도가 결정된다. 보호자가 치료적 저항기를 부정적으로 받아들이고 치료기관이나 치료방식을 그때마다 변경하면 다람쥐가 쳇바퀴 돌듯 아이의 성장은 한 곳에 머물고 만다.

아버지와 할아버지의 방문 이전에도 민수가 치료적 저항기에 도달했음을 알리는 징후를 우리는 관찰하고 있었다. 우리는 통합전문가회의를 통해 민수가 보이는 저항행동에 단호하게 대처하기로 결론을 내렸다. 언제나 자신의 편을 들어주던 할아버지의 방문을 계기로 민수의 치료적 저항기가 본격적으로 나타나기 시작했다. 지금까지 일방적으로 지시를 수용하기만 했던 민수의 스트레스가 컸던 모양이다.

민수는 어린이집에 등원할 때마다 할아버지와 놀겠다며 소란을 피웠고 어린이집에서 연구원으로 오는 도중에도 가지 않겠다고 고집을 피워 어머니의 애를 먹였다. 치료시간에 얌전히 앉아서 치료사와 상호작용을 하던 민수의 모습은 찾을 수 없었다. 치료사의 말을 듣기는커녕 호시탐탐 기회를 노리며 치료실을 벗어나려고만 했다. 치료 초기였다면 보고 싶은 가족과 오랜만에 해후한 민수의 들뜬 마음에 보이는 저항행동이라고 이해했을 것이다. 하지만, 이미 치료가 상당히 진행된 상황이었기에 여기에서 후퇴할 수 없었다. 외부의 변화와는 상관없이 민수에게 할 일은 해야 한다는 것을 가르쳐야만 했다. 할아버지가 방문할 때마다 산만해지는 민수 때문에 치료에 어려움을 겪을 수는 없었다.

우려하던 일은 민수가 가장 좋아하는 '음악치료' 시간에 일어났다. 민수는 치료실에 입실할 때부터 들어가지 않겠다고 떼를 쓰며 어머니를 때렸다. 음악치료사에게 이끌려 억지로 음악치료실에 들어갔지만 그 분풀이를 음악치료사에게 퍼부어대기 시작했다. 민수는 음악치료사를 때리고 악기를 마구 던지더니 치료사가 아프다며 부정적인 반응을 보이자 더욱 여기저기 발길질하며 자신의 마음을 표현했다. 치료사가 민수의 저항에 단호하게 대응하자 민수는 기어이 음악치료실을 나가버렸다. 민수는 밖에서 기다리고 있던 어머니에게 안겨서 서러운 듯 큰 소리로 울다가 다시 어머니를 때리며 안경까지 낚아챘다. 이미 민수에게 저항기가 왔음을 알고 있던 음악치료사는 이에 강력하게 대응하기로 결심했다. 민수를 따라 치료실 밖으로 나온 음악치료사가 어머니에게 떼를 쓰는 민수의 팔목을 잡고 제지하자 겨우 어머니를 놓아주었다. 모니터실에서 상황을 지켜보고 있던 나도 음악치료실로 향했다.

음악치료사와 민수의 대치상황이 계속 벌어지고 있었다. 이제 음악치료사가 선택해야 할 시간이었다. 음악치료사는 동의를 구하듯 나를 잠시 바라보았다. 힘겨루기를 해야 한다면 민수와 돈독한 신뢰관계를 형성한 음악치료사가 가장 좋은 효과를 거둘 수 있을 것이라고 판단한 나는 음악치료사의 선택을 지지한다는 뜻으로 고개를 끄덕였다. 음악치료사는 민수를 데리고 치료실 안으로 들어갔다.

결국 그날 음악치료 시간에 민수는 어떤 악기도 연주할 수 없었다. 빠져나가려는 민수와 붙들려는 치료사의 기싸움이 시작되었기 때문이다. 기싸움이 시작되면 치료사는 어떤 상황에서도 중간에 포기하지 않는다. 하지만 자폐스펙트럼 장애아동의 저항 역시 상상 이상이다. 어른도 들기 어려운 베이스 실로폰을 번쩍번쩍 들고 큰 북을 던지며 초인적인 힘으로 저항한다. 자폐스펙트럼 장애아동을 진정시키기 위해서는 뒤에서 안아 아이를 제압해야 한다. 아이가 발버둥 치며 저항하는 경우가 많기 때문에 아이는 물론 보호자나 치료사의 안전을 동시에 확보하려면 뒤에서 안는 방법이 효과적이다.

한참 동안 음악치료사는 민수를 뒤에서 안고 있었다. 아이와 치료사가 힘겨루기를 할 때는 아주 위험한 상황이 아니면 다른 사람이 개입하지 않는 게 원칙이다. 힘겨루기 또한 자신의 세계에 빠진 아이를 현실로 이끌어 내기 위한 중요한 치료과정 중의 하나이기 때문이다.

그렇지만 직접 그 광경을 보고 있는 보호자의 가슴에는 멍울이 생기기 마련이다. 치료에 저항하는 아이의 모습이나 치료사에게 제압당한 아이의 모습을 지켜보는 것은 보호자에게는 고문과 같다. 나는 긴장한 듯 굳은 표정으로 손을 꼭 쥐고 부들부들 떨고 있는 민수 어머니의 옆으로 다가갔다. 긴장을 풀어주기 위해 그녀가 그러쥔 손을 풀어 꼭 잡아 주었다. 내 인기척에 민수 어머니는 나를 물끄러미 바라보았다.

눈이 마주치자 민수 어머니는 꾹꾹 참았던 눈물을 흘리기 시작했다. 꾸준히 발전하고 있던 아이가 정체된 듯이 보이고 지금까지와는 달리 치료실에서 격렬히 저항하는 과정을 지켜보는 것은 보호자로서 견디기 힘든 고통일 것이다. 옆에서 아무리 치료과정에 불과하다고, 오늘이 지나면 나아질 것이라고 이야기해도 보호자 입장에서는 쉽게 받아들일 수 없을 것이다. 오늘의 일이 민수가 더 나아지기 위한 과정에 불과하다는 것을 깨닫는데 필요한 것은 시간밖에 없었다.

치료시간이 끝나자 민수는 인사도 하지 않고 치료실 밖으로 나왔다. 문밖에서 이 과정을 모두 다 듣고 있던 민수 어머니는 음악치료사에게 연신 고개를 숙이며 고맙다는 인사를 전하고 민수를 따라나섰다. 나는 땀으로 범벅된 아이와 눈물로 범벅된 민수 어머니가 집으로 돌아가는 것을 바라보았다. 마음이 착잡했다. 아이의 발전이 언젠가는 슬픔이 될 수 있는 자폐스펙트럼 장애 치료의 특성에 마음이 무겁기만 했다.

## 따라 하기와 반응 살피기

민수의 저항기는 손 사장이 중국으로 출국하면서 사라졌다. 할아버지가 계신 동안 무엇에도 집중하지 못하고 눈맞춤도 하지 않으며 계속 할아버지만 찾던 민수는 그 저항기를 겪으면서 정서적인 표현이 부쩍 늘었다.

저항기가 지나간 후, 민수는 감기로 열이 나고 아픈 날에도 빠지지 않고 꾸준히 치료실을 찾았다. 그러나 중요한 것은 아이의 마음가짐이었다. 저항기에서 보았듯 억지로 치료실에 입실한다고 해서 치료가 진행되는 것은 아니기 때문이다. 아이가 먼저 치료를 받아들일 상태가 되어야 했다. 민수는 성실한 어머니 덕분에 습관이 잘 되어 있기도 했지만 받아들이는 수용 능력도 뛰어난 편이었다.

치료를 시작했을 때 민수의 놀이 수준은 영아기 수준에 머물러 있었다. 민수가 3년 동안 끊임없이 집착했던 자동차에 대해서도 그 기능인 '사람을 태워 오고 가기'를 이해하지 못했고 일렬로 줄을 세워 만져보는 감각놀이 수준 이상을 보이지 않았다.

  치료 초기에 놀이치료사는 아이의 반응을 끌어내기 위해 아이가 원치 않는 행동을 할 때도 있다. 예를 들어 풍선이 부풀어 오르는 것을 보며 좋아하는 민수 앞에서 풍선 불기를 일부러 멈추는 것이다. 민수가 치료사와 풍선을 인지하고 둘 사이의 인과관계를 이해하고 있다면 치료사에게 풍선을 더 불어 달라고 요구해야 한다. 그렇지만 당시 민수는 치료사와 풍선의 관계를 이해하지 못했다. 치료사를 쳐다보지도 않은 채 한두 번 풍선을 건드리다 변화가 없으면 곧바로 다른 장난감에 관심을 두었다. 민수는 기본적인 요구행동을 전혀 하지 않았다. 치료사의 유도에도 반응이 없었다. 놀이치료사는 민수의 관심을 끌기 위해 민수의 행동을 따라 하기 시작했고 신뢰를 형성하며 상호반응을 이끌어 내기 위해 노력했다.

  민수가 놀이치료 시간에 즐긴 놀이는 '집놀이'였다. 민수는 집놀이용 모형 집 안에 놓인 거실 의자에 사람 모형을 앉히거나 침대에 눕혀 놓기도 했고, 일상생활을 상징해서 표현하듯이 화장실에 데려가고 식탁의자에도 앉혀 주었다. 그날도 민수는 어김없이 놀이집 거실 의자에 사람 모형을 앉히려다가 그만 TV 모형을 넘어뜨렸다.

  "아이 속상해, TV가 넘어졌네."

  놀이치료사는 우는 시늉을 하면서 민수의 반응을 살폈다. 다소 과장되게 반응해서 민수가 혹시 당황하지 않을까 내심 걱정도 했다. 민수는 치료사의 얼굴을 유심히 살피더니 치료사와 눈맞춤을 하면서 갑자기 소리 내어 까르르 웃기 시작했다.

'이때구나!'

민수가 즐거워하자 치료사는 이 좋은 기회를 그냥 날려버릴 수 없다고 판단하였다.

"민수야, 다시 TV를 제자리에 놓아줘."

더 크게 우는 시늉을 하면서 민수의 반응을 기다렸다. 민수는 치료사의 요청에 TV를 제자리에 올려놓고 웃으며 반응을 살폈다.

"우와, 민수가 TV를 제자리에 놓았네, 선생님은 기뻐!"

민수의 행동에 우는 시늉을 멈추고 기쁜 표정을 짓자 민수는 다시 TV를 넘어뜨린 후 치료사의 반응을 살폈다. 그 순간 놀이치료사는 민수를 안고 뽀뽀를 해주고 싶을 만큼 기뻤다고 한다. 그 이야기를 전해 들은 우리의 얼굴에는 미소가 번졌다.

물론 다른 사람이 우는 모습을 보며 즐거워하는 것은 정서적으로 적절한 행동은 아니다. 미묘하고 어떻게 반응해야 할지 알지 못해 당황스러운 상황에서 우리가 헛웃음을 짓는 것처럼 민수도 당황하여 그 상황을 웃음으로 대신했다고 생각하지만, 상대의 얼굴을 살피고 자신이 행동한 후 상대의 반응을 살폈다는 것은 상당한 진전이었다. 이런 진전의 증거는 누르면 튀어 오르는 장난감인 팝업놀이에서도 나타났다.

팝업놀이는 단순한 감각놀이로 민수가 좋아하는 장난감 중 하나였다. 민수가 의미 없이 반복적으로 신나게 누르면 치료사는 민수와 함께 놀다가 어느 순간 인형이 튀어 오르지 못하게 제지를 한다. 처음에 민수는 치료사가 놀이를 막으면 다른 곳으로 그냥 가 버리거나 치료사의 손을 응시한 채 손을 치우려고 했다. 치료사와 눈을 맞추며 적절하게 자신의 요구를 전달하는 방법을 몰랐기 때문이다. 그럴 때 상호작용을 유도하는 다양한 방법이 사용된다. 재미있는 소리를 내거나 아동이 좋아하는 다른 감각을 활용하는 것이다. 예를 들어 동물 인형이 튀어나오지 못하도록 막는 경우, 그때 비행기 소리를 내면서 가는 행동을 반복하면 아이는 치료사의 의도를 이해하기 시작한다. 민수도 비록 무수한 반복과정을 거치기는 했지만 비행기 소리가 나면 자신의 장난감을 사수하듯이 선생님의 손을 막아냈다. 치료사가 당황하며 졌다는 표정을 지으면 민수는 이겼다는 듯이 '까르르' 소리 내어 웃기 시작했다.

　타인의 표정을 살펴 의도를 파악하고 거기에 적절한 반응을 하는 행위는 억지로 가르친다고 되지 않는다. 민수가 치료를 받기 시작할 때만 해도 부족했던 타인에 대한 관심이 꾸준한 치료를 통해 싹트고 있음을 알 수 있었다. 만 2세에도 미치지 못했던 민수의 놀이 수준은 어느새 3~4세의 수준으로 향상되고 있었다. 아쉬운 점은 다른 기능은 하루가 다르게 발전하고 있었지만 말이 좀처럼 나오지 않는다는 것이었다. 민수 어머니가 가장 바라기도 했고 우리도 가장 집중적으로 치료했지만 민수의 언어 수준은 6개월 전과 별 차이가 없었다. 자폐스펙트럼 장애를 치료할 때는 한 분야의 성과에 마냥 기뻐할 수 없다. 그 성과가 또 다른 숙제를 남겨준다는 것을 알기 때문이다.

### 전문가 코너 ❽
## 놀이기술의 발달

- 영아기 : 돌 때까지는 두 아이가 같은 장소에서 놀고 있어도 각자 자기 놀이를 하면서 노는 경우가 많다. 돌이 지나면서 다른 아이의 놀이에 관심을 갖고 서로 어울려 같이 놀기 시작한다. 하지만 놀이 내용에 따라서 역할을 분담하지 않고 모두 같은 행동을 하는 것이 특징이다.

- 만 2~3세 : 상징놀이 단계에 돌입한다. 흙을 이용하여 밥 짓기 놀이를 한다든지, 막대기를 총으로 가정하고 노는 것처럼 본래의 의미와는 전혀 다른 상징적인 의미를 부여하여 놀이를 한다. 이때의 놀이는 단순히 즐거움만을 주는 것이 아니라 자신의 감정을 탐색할 기회가 되기도 한다. 예를 들어 인형놀이를 통해서 인형을 자신으로 가정하고, 인형을 돌보는 자신을 어머니로 상징해서 어머니와 자신의 관계를 인형놀이를 통해 재정립하는 것이다. 이때는 내가 아닌 다른 사람이 되어보는 역할놀이도 가능하다.

- 만 4세 : 사회적 관계를 형성한 아이들은 놀이에 규칙을 만들고 각자의 역할을 나누는 놀이를 시작한다. 이때는 추상적 사고 능력을 발휘하고 규칙을 지켜 충동적인 행동을 억제하는 사회적인 놀이가 가능하다.

소근육 발달부터 충동적인 행동 억제까지 놀이에 필요한 기술은 자폐아동에게 모두 부족한 기능이다. 놀이치료를 통해 아이는 상징체계를 배워 인지 능력을 향상시키고 놀이의 규칙을 이해함으로써 사회성을 향상시킬 수가 있다.

## 언어의 문은 언제 열릴까?

내가 30년 넘게 자폐스펙트럼 장애를 치료하면서 보호자에게 가장 많이 듣는 질문은 "아이가 언제 말을 할 수 있느냐?" 하는 것이다. '언어'는 인간을 다른 동물과 구분하는 중요한 기준이며 사회생활의 기본이 된다. 인간은 언어를 이용하여 사회적인 관계를 형성하고 다른 사람과 정서를 공유할 뿐만 아니라 지식을 전달하고 또 전달받는다. 그렇지만 자폐스펙트럼 장애아동에게는 언어 및 의사소통이 매우 어려운 과제이다.

보통 아이들은 만 1세, 즉 돌 전후로 말을 하기 시작한다. 가장 친숙하고 익숙한 '엄마'를 시작으로 먹는 것을 가리키는 '맘마' 더러운 것을 지칭하는 '지지' 등 단순한 소리를 통해 '말'을 배우는 것이다. 사실 그 이전부터 우리는 부모의 몸짓이나 표정, 행동을 통해 언어를 익힌다. 단어를 이해하기 전부터 부모의 미소나 포옹에 반응하고 부모의 말에 담긴 억양을 이해하기 시작하는 것이다. 또한 자신의 이름을 부르면 반응하고 어머니가 가리키는 곳을 쳐다보기도 하며 아버지가 손을 내밀면 다가간다. 돌을 전후로 부모의 말을 따라 하면서 엄마, 맘마 등 단어를 이해하기 시작한 아이에게 '빠이빠이'라고 이야기하면 아이는 헤어짐을 이해하고 아쉬운 표정으로 손을 흔든다. 주위사람이 '짝짜꿍'이라고 이야기하면 손뼉을 치며 즐거워한다. 그런데 대부분의 자폐스펙트럼 장애아동은 이런 기본적인 언어적 의사소통은 물론 비언어적 의사소통 방법에도 어려움을 느낀다.

우리는 영유아기에 어떤 도움을 받지 않고도 자연스럽게 언어를 익혔기 때문에 언어발달에도 단계가 있다는 것을 잘 이해하지 못한다. 자폐스펙트럼 장애아동의 보호자는 치료가 시작되었는데도 생각한 것만큼 아이의 언어가 발달되지 않으면 조급해하고 낙담하며 자책을 한다. 언어가 발달되기 위해서는 상호작용을 바탕으로 언어적인 소리와 비언어적인 소리를 구분해야 하는데, 자폐스펙트럼 장애아동은 이를 구분하지 못하기 때문에 이들의 언어치료는 더욱더 많은 인내심이 필요하다. 민수의 경우도 다른 자폐스펙트럼 장애아동과 크게 다르지 않았다. 연구원에 처음 내원했을 때 민수의 언어수준은 16개월에 불과했고 '아' '이' 소리만 관찰되었다.

언어는 모방 행동이다. 우리는 다른 사람의 말과 행동을 모방하고 이해하며 언어를 배운다. 그러나 자폐스펙트럼 장애아동은 타인에 대해 관심을 갖지 않기 때문에 언어를 가르치기에 앞서 먼저 외부세계에 대해 흥미를 갖게 하고 언어치료사와 신뢰관계를 형성하는 것이 중요하다.

 민수에게 언어의 개념을 이해시키기 위해 언어치료사는 치료 초기에 가장 기본적인 것부터 가르치기 시작했다. 민수의 경우 언어 수준은 16개월로 나타났지만 의사소통의 개념부터 가르쳐야 했다. 우선 몸짓과 말을 일치시키는 치료교육을 시작했다. '싫다'는 표현에서는 고개를 좌우로 흔들고, '주세요'라는 의미에서는 손을 내밀게 했다. 언어치료는 언어발달 과정에 맞춰서 가르쳐야 한다. 따라서 이러한 과정은 아이가 개념을 이해하고 말로 표현할 때까지 수십 수백 번 반복해야 한다.

 언어치료는 단순히 치료기관에서 제한된 시간 내에 이루어지는 교육을 통해서는 효과를 볼 수 없다. 언어치료사와 보호자가 꾸준한 상담을 통해 언어치료의 목표를 공유하고 치료실과 일반생활에서 함께 훈련해야 더 높은 치료 효과를 볼 수 있다. 민수 어머니는 이런 점에서 최고의 보호자였다. 그녀와 부모상담을 할 때 우리는 치료의 목표와 과제를 공유하고 민수의 반응을 적어 가정에서 꾸준하게 교육하게 했다. 생각해 보면 민수의 언어발달이 다른 영역의 발달보다 시간적으로 늦기는 했지만 대기만성처럼 가장 크게 발달할 수 있었던 것은 민수 어머니의 이런 협조 덕분이 아니었나 싶다.

 민수의 상태가 전반적으로 발달하기 시작하면서 민수는 차츰 다양한 의사소통의 방법을 익혀가기 시작했다. 특히 '부르기'에 대한 반응이 나타났다. 어느 날 민수가 연구원에서 치료시간을 기다리다가 언어치료사를 발견한 적이 있다. 익숙한 사람에게는 늘 호의적인 반응을 보이는 민수는 반가운 마음에 언어치료사에게 다가갔지만, 정수기에서 물을 마시는 치료사의 뒷모습에 확신이 서지 않았는지 치료사의 옷자락을 만지며 자발적으로 "으으 으?" 소리를 내어 치료사의 반응을 살폈다. 언어치료사가 뒤돌아 반갑게 인사하자 민수는 배시시 웃고 인사도 하지 않은 채 어머니에게로 뛰어갔다. 그 나이 또래다운 행동이었다. 그 모습을 지켜보던 나와 민수 어머니는 한참을 즐겁게 웃었다. 민수가 언어의 기능을 이해하기 시작한 것이 나는 진심으로 기뻤다.

민수는 소리를 내야 다른 사람이 반응하고 자신이 원하는 장난감을 얻거나 칭찬을 받는다는 것을 알아가기 시작했다. 그에 따라 소리를 내서 의사소통하려는 시도가 늘었고 말을 따라 하는 모방 능력도 높아졌다. 민수의 자음과 모음 소리는 다양해졌고 모든 치료에서 앵무새처럼 모방을 시작했다. 그리고 민수는 단순하고 초기적인 형태의 두 단어 조합 수준의 문장을 말하기 시작했다.

"으으 우에요(주세요)!"

'으으'라는 두 음절 단어를 나타내는 소리와 '주세요'라는 단어의 의미를 조합했다는 것은, 아동이 사물에 이름이 있다는 것을 알고 '주세요'라는 말이 가지고 있는 요구하기의 기능을 인식했다는 뜻이자 언어 표현에 있어서 매우 중요하고 의미 있는 단계로 진입했다는 신호이기도 했다. 아직 전체 표현의 80%는 모방에 불과했지만 민수는 "아빠 쉬" "엄마 해" 등의 구문으로 발화를 하기 시작하면서 당시 많은 사람에게 희망을 주었다. 그때만 해도 우리는 '거의 다 왔구나'라고 생각하며 민수가 곧 말문을 뗄 수 있을 것이라고 기대하였다.

그러나 말을 이해하는 능력이 높아지고 발화도 늘었으며 표현하고 싶어 하는 것도 많아졌지만 민수의 언어에는 여전히 문제가 많았다. 민수의 언어는 2음절 이상의 단어로 넘어가면 발음 문제 때문에 상대방이 알아들을 수가 없었다. 6개월이 넘도록 민수가 발음할 수 있는 자음과 모음의 갯수도 늘지 않았다. 민수는 명확하게 발음하지 못하고 우물거렸기 때문에 다른 사람과 의사소통을 원활하게 하지 못했다.

사람 모형 인형을 요구할 때도 "예에 우에요(할아버지 주세요)" "아시시 우에요(아저씨 주세요)" 등으로 말해서 민수의 표현방식을 알지 못하는 사람과는 전혀 의사소통을 할 수 없었다. 대부분의 자폐스펙트럼 장애아동이 인지기능 발달이 불균형적으로 이루어지지만 민수의 경우는 음소 습득 능력이 유난히 뒤처져 있었다. 아마도 신생아 때부터 이중언어 환경에 노출되었기 때문에 더욱 혼란스러웠던 것은 아닐까 싶었다.

생후 6개월 전까지의 신생아가 내는 소리는 어느 나라나 비슷하지만 6~8개월부터는 대부분 모국어 옹알이를 시작한다. 민수는 이 시기에 바쁜 부모 때문에 적절한 언어 자극을 받지 못했고 한국어와 중국어에 동시 노출된 환경으로 다른 자폐스펙트럼 장애아동보다 더 큰 혼란을 겪었을 것으로 추측되었다.

다른 발달과 비교하여 떨어지는 발음 능력 때문에 통합전문가 회의에서 안동현 교수는 언어 음소 습득과 관련하여 중국어 음운과 한국어 음운을 들을 때 활성화되는 뇌의 영역이 차이가 나는지 알아보기 위해 민수의 뇌 사진을 찍어봐야 하는 것이 아니냐는 의견을 내놓기도 하였다. 그러나 민수가 한국어 환경에서 치료받고 있으므로 원인보다 방법을 찾는 것이 더 시급하다는 데 우리는 의견을 모았다. 민수를 둘러싸고 있는 조력자와 민수 어머니, 어린이집 교사와 친구들, 그리고 치료사 모두 주 4회 실시되는 민수의 언어치료 상황과 과제를 공유하여 더욱 적극적으로 교육하기로 통합전문가회의에서 결론을 내렸다. 당시 우리는 열심히 하면 민수의 언어 표현이 곧 좋아질 것이라고 생각했다. 그때만 해도 이후 민수의 말문을 열기 위해 그렇게 많은 시간과 노력이 필요할 것이라고는 미처 깨닫지 못했다. 우리에게는 예상치 못한 불안과 좌절의 시간이 다가오고 있었다.

### 전문가 코너 ❾
## 언어표현을 촉진하기 위한 방법

언어치료는 단순히 치료기관에서 제한된 시간 내에 치료하는 것만으로는 효과를 볼 수 없다. 언어치료사와 보호자가 상담을 통해 언어치료 목표를 공유하고 치료실뿐만 아니라 일반생활에서 함께 훈련해야 더 높은 치료 효과를 볼 수 있다. 치료실에서는 곧잘 따라하는 아이가 집에서는 전혀 말을 듣지 않는다며 많은 보호자가 어려움을 호소한다. 하지만 이는 아이보다는 보호자의 문제일 경우가 많다. 자폐스펙트럼 장애아동의 말문을 열기 위해서는 특성에 맞는 접근법이 필요하다.

첫째, 주의를 공유 joint attention하고 있어야 한다. 보호자는 이야기하기 전에 아이와 눈을 맞추거나 가벼운 접촉으로 아이의 주의를 환기시킬 필요가 있다.

둘째, 몸짓을 활용하는 것이 효과적이다. 민수가 친구의 배꼽 인사를 따라하며 인사말을 배웠듯이 자폐스펙트럼 장애아동에게는 행동과 말을 함께 가르치는 것이 좋다.

마지막으로 제한된 낱말을 천천히 또박또박 아이가 이해하고 따라서 말할 수 있도록 해야 한다. 자폐스펙트럼 장애아동은 한 번에 많은 단어를 이해하지 못하고 빠른 말소리를 따라가지 못한다. 어린 아이에게 말을 가르치듯이 제한된 1~2개의 단어를 천천히 또박또박, 상황에 맞게 반복적으로 말해야 따라 할 수가 있다.

언어치료는 어떤 치료보다 인내가 필요하다. 자폐스펙트럼 장애를 치료하려면 지속적인 훈련이 중요하며, 특히 언어치료는 꾸준한 연습이 필요하다.

## 칭찬의 힘

자폐스펙트럼 장애아동은 무엇보다 촉각에 민감한 반응을 보인다. 애정을 표현하기 위해 살짝 안기만 해도 숨이 막힐 것처럼 답답해하고 가벼운 접촉에도 불에 덴 것처럼 고통을 느낀다. 손을 잡으면 금세 뿌리치는 부적절한 행동을 보이기도 한다. 민수 역시 사정이 다르지 않았다. 민수의 이런 행동이 조금씩 고쳐지게 된 배경에는 버들어린이집 또래 친구들의 공이 컸다. 또래 집단에 구성원으로 소속되고 싶은 마음이 컸던 민수는 또래 친구들과 접촉하며 조금씩 촉각 반응으로 인한 고통을 인내할 줄 알게 되었다.

버들어린이집의 2학기가 시작되었다. 친구들이 손을 잡고 이동하는 모습을 본 민수는 2학기에 들어서면서 반 친구가 잡은 손을 뿌리치지 않고 친구와 손을 잡고 이동하기 시작했다. 장애전담 교사가 일부러 챙기지 않아도 친구의 행동을 따라 하는 모습을 보였고 친구와 상호작용하기 위해 노력하고 있었다.

반 친구들과 함께 강당에서 게임을 하고 있을 때 벌어진 일이다. 또래 친구들은 교사의 지시대로 〈그대로 멈춰라〉라는 노래에 맞추어 2명, 4명, 8명씩 껴안기 놀이를 하며 팀을 나누었다. 달리기 시합을 위해 팀을 나눈 것이다. 그리고 팀에서 한 명씩 출발선에 나와 교사의 '시작' 소리를 기다리고 있었다. 민수는 친구들과 떨어져 멀찍이 앉아 있었지만 친구들의 놀이는 흥미로웠던 모양이다. 교사가 '시작'을 외치려는 찰나 갑자기 민수가 소리쳤다.

"세탁!"

어리둥절해진 교사와 친구들이 민수를 바라보자 민수는 뭐가 좋은지 폴짝폴짝 뛰며 "세탁, 세탁"을 외쳤다.

"민수가 시작 대신 세탁이 좋은가 보다. 우리도 시작 대신 세탁이라고 할까?"

교사는 민수를 위해 시작 구호를 '세탁'으로 바꾸자고 아이들에게 제안했고, 민수의 구호가 더 재미있다고 생각한 가온반 친구들도 기꺼이 그 제안을 받아들였다. 교사가 시작 대신 "세탁"을 외치자 민수는 그때마다 폴짝폴짝 뛰며 즐거워했다.

이뿐만이 아니었다. 나와 타인을 구별하고 다른 사람과 상호작용하려는 민수의 새로운 욕구는 생활 속에서도 발견할 수 있었다. 제한된 치료실에서의 반응이 어린이집에서 나타나 그 범위가 확장된 것처럼, 반대로 어린이집에서의 영향이 생활 전반에서 나타나기 시작한 것이다.

다른 자폐스펙트럼 장애아동처럼 민수도 편식습관을 가지고 있었다. 많은 사람이 자폐스펙트럼 장애아동은 체력이 좋을 것이라는 선입견을 갖고 있다. 워낙 산만하여 발에 모터가 달린 것처럼 뛰어다니고 거부 반응을 할 때는 일반아동보다 몇 배의 에너지를 쏟아내며 처절하게 저항하기 때문에 자폐스펙트럼 장애아동은 '힘세고 체력이 좋다'라고 생각한다. 그러나 자폐스펙트럼 장애아동은 외부 세계에 대한 적응력이 떨어지기 때문에 언제나 근육을 긴장한 상태로 유지하고 있고 편식습관에 수면장애도 가지고 있어서 일반아동보다 허약한 경우가 더 많다.

쏟아내는 에너지가 많은 만큼 조금이라도 더 먹이고 싶은 것이 부모의 마음이건만, 민수는 절대로 국과 과일을 먹지 않았고 선호하는 반찬이 아니면 굳게 입을 다물었다. 아직 소근육이 발달되지 않았기 때문에 숟가락과 포크를 사용하여 밥 먹는 것을 어려워했다. 그래서 어린이집 적응 초기에는 교사가 양호실에서 민수의 식사 지도를 해야 했다.

그렇지만 또래와 함께 어울리고 싶어 하는 민수의 욕구가 강해지면서 개별지도로는 수정되기 어려울 것 같았던 민수의 편식습관도 또래 친구의 힘을 빌려 수정하는 것이 좋겠다는 의견이 통합전문가회의를 통해 제시되었다. 양호실에서 교사와 단둘이 점심을 먹는 것이 아니라 친구와 함께 식사를 하면서 모방 행동을 하게 되면 부적절한 행동도 수정될 것이라고 생각한 것이다.

식당에서 친구들과 함께 밥을 먹어야 하는 상황이 되자 민수는 바뀐 환경에 제대로 적응하지 못했다. 밥도 먹지 않은 채 친구들을 바라보기만 하는 민수에게 통합지원 교사의 유도로 친구들이 말을 걸기 시작했다.

"민수야, 너도 밥 먹어."

친구들이 두어 번 권하자 민수는 친구를 따라 밥을 먹기 시작했다. 장애전담 교사는 그때를 놓치지 않고 민수에게 다른 친구의 모습도 보라고 말해주었다.

"민수야 다른 친구는 국도 먹고 김치도 먹는데, 민수도 한 번 먹어볼래?"

민수는 교사의 지시에 따라 물끄러미 친구들의 먹는 모습을 바라보았다. 그러더니 절대 먹지 않았던 국을 비록 아주 적은 양이었지만 입에 대기 시작했다.

어린이집에서 친구의 행동에 관심이 많아지고 모방하기 시작하면서 일상생활뿐만 아니라 치료실에서도 민수는 발전을 보였다. 또한 어린이집에서 자주 사용되는 '차렷' '기다려' 등이 나타내는 말의 의미를 이해하기 시작했다. 지시에 따르기가 가능해지면서 치료시간에도 '직선 그리기' '사선 그리기' '도형 따라 그리기' 같은 소근육 운동 과제를 시작했다. 또 가위 등 도구를 사용하여 직선 자르기도 하기 시작했다.

나와 남을 구별하고 또래의 행동을 모방하는 것은 아이가 훗날 사회생활을 하는데 꼭 필요한 기술이지만 모두 긍정적인 결과만을 보인 것은 아니다. 자기 의사가 분명해지면서 민수의 '고집'도 늘기 시작했기 때문이다.

민수는 어린이집에서 자신이 가지고 노는 장난감을 친구들이 만지면 장난감을 빼앗고 친구를 때렸다. 어머니가 제지하면 반사적으로 "시~(싫어)"라고 반응했다. 또한 늘 같은 놀이만 고집했고 새로운 과제를 제시하면 치료사와 눈빛 겨루기를 했다. 그러나 3톤이 넘는 범고래를 춤추게 했을 뿐 아니라 자폐스펙트럼 장애아동의 고집도 달랜 비결이 있었으니, 다름아닌 '칭찬의 힘'이다.

치료사의 말을 듣고 모음 중심의 말을 따라 하는 것이 가능해진 민수는 칭찬받는 횟수가 늘자 치료사의 말과 행동을 따라하는 능력이 급격히 성장하였다. 물론 책상 위에 놓인 물건이 마음에 들면 빛의 속도로 가져가는 부적절한 행동에는 변함이 없었지만, 대응하는 방식에서는 분명 예전과 다른 차이를 보였다.

"민수 안 돼! '선생님 주세요' 해야지."

자신을 꾸짖는 치료사의 말과 행동에 반응하며 가져간 물건을 다시 책상 위에 올려놓고 "우에요(주세요)"라고 치료사에게 요청하기 시작했다.

"우와, 민수 최고다! 이거 줄까요?"

민수는 치료사의 칭찬에 고개를 끄덕이며 눈을 반짝이더니 장난감을 건네주지도 않았는데 행복한 표정을 지었다. 치료사가 치켜드는 엄지손가락에 배시시 기분 좋은 미소를 지으며 좀 더 칭찬받기 위해 노력하는 민수의 모습을 보면서 칭찬이 갖는 효과에 대해 다시 생각하게 되었다.

"제발 아이에게 칭찬을 해주세요."

나는 보호자에게 늘 '칭찬'을 부탁한다. 그런데 이런 부탁을 받으면 많은 보호자가 당황한 표정을 짓는다. 민수 어머니도 마찬가지였다. 칭찬을 해주라는 말에 무엇을 칭찬해야 할지 모르겠다며 그녀는 부담스러운 얼굴이었다. 문제행동이 벌어졌을 때 제지하는 것보다 문제행동을 하지 않을 때 칭찬하는 것이 그 행동을 수정하는데 훨씬 효과가 좋다고 이야기해도 상담시간 동안만 효력을 가질 뿐이었다. 지시와 금지는 쉽고 칭찬과 포용이 어렵다는 것은 알고 있지만, 나는 자폐스펙트럼 장애치료 30년 동안 칭찬보다 좋은 강화물을 본 적이 없다.

"어머니, 아이의 칭찬 일기를 만들어 보세요."

보호자가 칭찬할 거리를 찾지 못하겠다고 두 손 들고 항복하면 그때마다 나는 칭찬 일기를 만들라고 조언한다. 하루에 세 개씩 칭찬할 거리를 만들어보라고 하자 민수 어머니도 당황한 표정을 지었다. 늘 성실하게 치료사들이 내준 숙제를 해오던 민수 어머니였지만 칭찬 일기만은 그리 좋은 성적을 내지 못했다. 그러나 그녀는 숙제를 해야 한다는 의무감으로 민수의 행동에 좀 더 집중했고 조금씩 칭찬 일기를 채워가기 시작했다.

"처음에는 민수 행동이 많이 모자란 것 같았는데, 칭찬할 거리를 찾으니까 민수가 잘하는 것도 보이고 제 마음도 편해졌어요."

칭찬은 자폐스펙트럼 장애아동에게 좋은 자극이 되기도 하지만 보호자에게도 좋은 영향을 미친다. 자폐스펙트럼 장애치료는 긴 여정이다. 그 과정에서 감사하고 칭찬할 것이 많다면 길고 지루한 그 기간을 좀 더 버티고 인내할 수 있을 것이라고 나는 생각한다.

### 전문가 코너 ⑩
## 자폐스펙트럼 장애아동의 편식

낯선 사람과 환경에 민감하게 반응하는 자폐스펙트럼 장애아동의 특성은 음식 섭취에서도 드러난다. 자폐스펙트럼 장애아동은 자신이 접해보지 않은 음식은 절대 입에 대려고 하지 않기 때문에 새로운 음식을 꾸준히 맛보게 하는 것이 중요하다.

이때 아이가 좋아하는 음식과 싫어하는 음식을 함께 조리하여 식사시간에 내놓는 것도 좋은 방법이다.

편식을 고치기 위해서는 간식을 완전히 줄이는 것이 가장 좋다. 배가 고프면 언제든지 먹을 수 있는 환경이라면 아이의 편식을 고치기가 어렵다. 편식을 하는 아이가 제대로 먹지 못하면 안타까운 마음에 간식이라도 먹이려고 하는 부모의 마음을 이해하지 못하는 것은 아니지만, 이러한 습관이 아이의 편식을 강화한다는 것을 잊지 말아야 한다. 그러므로 보호자는 인내심을 가지고 자폐스펙트럼 장애아동의 편식을 조절해야 한다.

## 아이의 눈으로 세상 바라보기

　자폐스펙트럼 장애아동의 보호자는 각종 역할을 수행해야 한다. 말이 늦은 아이의 대변인이자 치료사, 아이를 보호하는 방탄조끼의 역할도 한다. 자폐스펙트럼 장애아동을 양육하는 것은 일반아동을 양육하는 것과 비교하면 몇 배, 아니 몇 십 배 더 어려운 일이기 때문에 보호자의 성격이나 사회적 지위에 관계없이 어려움을 겪는 경우가 많다. 그러나 같은 자폐스펙트럼 장애 진단을 받았더라도 정도에 따라서 다양한 스펙트럼을 나타내는 아이의 증상만큼 보호자의 태도 역시 다양하게 나타난다. 나는 부모 상담을 진행하면서 되도록 보호자의 입장을 생각하여 보호자를 지원하고 격려하기 위해 노력하는데, 특히 '아이의 눈으로 세상을 바라보라'는 말을 빠뜨리지 않는다.
　자폐스펙트럼 장애아동마다 발달 수준이 다르기 때문에 치료 예후도 다르다. 그러나 보호자가 적극적으로 치료에 임할수록 치료가 꾸준히 이루어질 가능성도 커진다. 민수가 다양한 영역에서 빠르게 발전한 배경에는 통합전문가회의를 통해 이루어진 체계적인 치료계획과 함께 민수 어머니의 성실함이 큰 작용을 했다. 그녀는 모든 치료영역의 치료사에게 조언을 구했고 치료사들이 내준 숙제를 성스러운 의식을 치르듯 빠짐없이 해 왔다. 치료시간에 늦은 적이 없고 제대로 치료를 받지 못할 만큼 민수가 아픈 날에도 데리고 왔다. 이런 어머니의 노력이 그대로 민수에게 전해졌고, 민수 역시 어떤 상황에서도 치료시간에는 꼭 참석해야 한다는 습관이 들면서 빠르게 발전할 수 있었다.

어느 날 민수 어머니가 조심스럽게 질문했다.

"원장님, 제가 음악 선생님에게 노래를 배워도 될까요?"

갑자기 노래를 배우려는 이유를 물었다.

"민수가 음악 선생님이 녹음해 주신 〈섬집아이〉 노래를 들으면 잠을 잘 자요. 제가 불러주고 싶은데 그 노래를 몰라서요. 음악치료는 민수도 좋아하고 같이 배워도 괜찮을 것 같아서요……."

부끄러움에 얼굴이 붉게 달아올랐지만 민수 어머니는 또박또박 자신의 의사를 밝혔다.

민수 어머니의 말처럼 대부분의 아동이 치료 초기에 음악이나 미술치료를 가장 선호한다. 음악이나 미술치료는 규칙과 제재가 적은 비구조화된 치료 상황에서 아이에게 다양한 자극을 주어 발전을 촉진하고, 환경과도 연결해줌으로써 다른 구조화된 치료로 연계하는 역할을 하기 때문이다. 민수는 언어발달이 느렸기 때문에 언어가 아닌 음악을 활용하는 치료시간에는 언제나 용감하고 다양하게 도전했고, 그만큼 성과도 컸다.

　음악치료실에서 민수는 늘 거침없었고 때로는 일반아동보다 빠른 적응 능력을 보여 음악치료사를 놀라게 했다. 입실하면 북과 심벌즈 등 큰 악기 영역에서부터 연주를 시작하여 중반에는 무선율 타악기 중에 선호하는 작은 악기로 이동했고, 치료사가 새로운 악기를 제시하면 무엇이든 호기심을 가지고 치료사의 행동을 따라 하며 소리를 냈다. 함께 내는 소리가 더 듣기 좋은 소리라는 것을 알게 된 이후에는 혼자 연주하기보다 치료사와 함께 연주하는 것을 더 즐겼다.

　2009년 10월이 지나면서 민수는 악기 연주를 통해 자신의 정서를 표현할 뿐만 아니라 조절할 수 있는 능력도 생겼다. 자신의 정서에 따라 셈과 여림뿐만 아니라 빠르기까지 달리하여 악기를 연주할 수 있게 된 것이다. 셈과 여림을 표현한다는 것은 박자를 맞추는 것만큼 어려운 일이다. 노래에 따라서 충동을 억제하고 근육을 조절하여 셈과 여림을 다르게 연주해야 하기 때문이다. 소근육 발달이 더딘 아이는 다양한 악기를 연주하면서 자연스럽게 근육을 강화하기도 하고, 발화를 촉진하기 위해 부는 악기를 활용하기도 한다.

　민수가 음악치료를 통해 보인 변화는 민수 어머니의 태도에도 변화를 가져왔다. 그때까지 민수 어머니는 민수의 치료에 적극 참여하긴 했지만 치료사의 지시를 집에서 수행하는 데 그쳤다. 그러나 음악치료 시간에 보인 민수의 변화에 민수 어머니는 민수와 함께 직접 치료에 참여하겠다는 적극적인 의사를 표시한 것이다.

"배워야죠 그럼! 노래만 배울 게 아니라 민수가 받는 치료를 똑같이 한 번 해보세요."

나의 제안에 민수 어머니의 눈이 동그래졌다. 처음에는 노래만 배우겠다고 손사래를 쳤지만, 늘 그렇듯 민수 어머니는 민수를 위해서라면 큰 용기를 냈다. 그 후 몇 주간에 걸쳐 단계별로 노래를 배우고 노래에 맞는 악기를 선택해 연주하며 민수와 함께 즉흥연주를 경험하기도 했다. 음악과 전혀 무관한 삶을 살아왔지만 성실한 민수 어머니는 숙제를 하듯 노랫말을 한 번에 외워 와 민수와 함께 노래하기도 하고 부끄러움을 무릅쓰고 서툰 연주를 함께 하기도 했다. 어머니와 함께 하는 치료가 마음에 들었는지 그날따라 민수의 연주는 어느 때보다 신나고 경쾌했다.

"노래하고 연주하는 것도 쉬운 일은 아니네요."

민수의 치료를 처음으로 직접 경험한 민수 어머니는 음악치료실을 나와 혀를 내둘렀다.

"그럼, 쉬운 줄 알았어요? 민수가 대단한 거예요!"

일부러 질책하듯이 농을 하자 민수 어머니는 멋쩍은 미소를 지었다. 그러나 그 미소에는 쉽지 않은 치료과정을 묵묵히 견뎌내고 있는 민수에 대한 대견함이 묻어 있었다.

자폐스펙트럼 장애에 대한 많은 정보가 쏟아지고 있는 요즈음, 그에 따라 보호자 역시 해야 할 일이 많다. '아이에게 적당한 자극을 주어야 한다' '칭찬해야 한다' '아이를 혼자 놀게 하지 마라' 등등 보호자의 숙제는 점점 늘고 있지만 어떻게 해야 하는지 구체적인 방법을 가르쳐주는 정보는 찾기 어렵다. 해야 할 일은 많은데, 어떻게 해야 하는지에 대한 방법을 알지 못하니 보호자는 지쳐가고 희망도 잃어간다. 그럴 때마다 나는 보호자에게 가끔 한 번쯤은 아이의 눈으로 세상을 바라볼 필요가 있다고 이야기한다. 부모에게는 너무나 쉽고 당연한 일이 아이에게는 얼마나 어려운 일인지, 세상이 요구하는 부모의 숙제를 '어떻게' 아이에게 요구해야 하는지 스스로 깨닫게 되는 경우가 많기 때문이다.

2009년 말, 민수 어머니는 민수와의 합주를 통해서 민수와 마주보는 것이 아니라 같은 곳을 바라보며 함께하는 즐거움을 깨달았다. 민수는 어머니와의 합주를 통해 정서를 나누는 가슴 따뜻한 기억을 얻었다. 모자가 함께 나눈 시간은 앞으로 부딪칠 어려움을 이겨내는 좋은 거름이 될 것이라고 나는 믿었다. 새로운 한 해를 맞이하기 위해서 민수와 민수 어머니에게는 이런 양분이 필요했다.

2009년을 보내고 2010년을 맞이하게 되면, 민수는 익숙했던 가온반 친구들과도 헤어져 새로운 반에 적응해야 했고 1년 동안 정들었던 언어치료사 및 음악치료사와 헤어져 새로운 치료사를 만나야 했다. 2009년의 기억이 바탕이 되어 2010년에는 큰 홍역 없이 민수가 무사히 적응하길 바랐다. 아이의 내일을 예상한다는 것은 언제나 경솔한 일이지만, 당시 나는 믿고 있었다. 2009년보다 2010년에는 민수에게 더 많은 진전이 있으리라는 것을.

# 3

# 민수, 문을 열고 세상으로 나오다

## 수영을 시작한 민수

지금까지 올림픽에서 금메달을 가장 많이 딴 선수는 미국의 마이클 펠프스다. 금메달만 18개인데 2개의 은메달과 2개의 동메달까지 합치면 모두 22개의 올림픽 메달을 목에 걸었다. 그가 획득한 메달의 숫자도 놀랍지만, 주의력결핍/과잉행동장애 ADHD를 이겨내고 세계 최고의 수영 선수로 우뚝 섰다는 것은 놀라움을 넘어 감탄을 자아내기에 이른다. 펠프스의 사례는 많은 장애인과 그 가족에게 큰 희망이 되었다.

아홉 살 때 주의력결핍/과잉행동장애 진단을 받은 펠프스는 수영이 치료에 도움이 될 것이라고 생각한 어머니 손에 이끌려 수영장을 찾았다. 처음에는 물에 들어가지 않겠다고 고집을 피웠지만 그는 곧 물속에서 자유로움을 찾았고, 결국 수영을 통해 장애를 이겨내고 올림픽 역사상 최고의 수영선수로 성공하였다. 이런 사례는 외국뿐만 아니라 우리나라에서도 충분히 찾을 수 있다. 마라톤으로 자폐스펙트럼 장애를 극복한 아이코리아 육영학교 출신인 배형진 씨의 사례나 수영을 통해 치료 효과를 얻은 김진호 씨의 경우를 보더라도 운동이 자폐스펙트럼 장애를 치료하는 중요한 도구라는 것을 알 수 있다.

고대 그리스에서 시작된 '건강한 육체에 건강한 정신!'이라는 말은 2000년이 지난 지금도 '진리'로 자리 잡고 있다. 주의가 산만한 자폐스펙트럼 장애아동도 운동을 통해 좋은 치료 효과를 거둘 수 있기 때문이다. 일반인 역시 적당한 운동으로 스트레스를 해소하여 우울증을 치료할 수 있고 집중력을 강화할 수 있으며 또한 성취감도 얻을 수 있다.

2010년이 되면서 민수도 '수영'을 시작하였다. 수영뿐만 아니라 모든 운동은 에너지가 필요하고 많이 소모된다. 자폐스펙트럼 장애를 가진 아이는 대체로 산만하다. 한 곳에 집중하지 못하고 주변을 살피며 이리저리 움직인다. 체력이 좋고 힘이 세 보이기는 하지만 결코 체력이 좋은 것은 아니다. 자신의 에너지를 적절하게 소비하는 방법을 모르기 때문에 아이는 산만하게 움직이고 한곳에 오래 머무르지 못한다. 자폐스펙트럼 장애뿐만 아니라 주의력결핍 장애, 품행장애 등의 문제가 있는 아이라면 과도하게 표출되는 에너지를 운동이라는 긍정적인 방법으로 소비하는 방법을 찾는 것도 좋다. 운동으로 에너지를 소비하고 나면 집중력도 좋아지고 자신감을 얻을 뿐 아니라 건강한 수면 습관이 들어서 바람직한 신체리듬을 갖게 된다.

민수를 포함하여 많은 자폐스펙트럼 장애아동이 수면장애를 가지고 있다. 잠들기까지 오래 칭얼거리고 잠을 자다가도 작은 소리에 눈을 번쩍 뜬다. 민수 역시 한번 잠에서 깨어나면 다시 자지 않고 놀겠다고 고집을 부려 어머니를 힘들게 했다. 제대로 잠을 자지 못하면 다음날 집중하지 못하고 짜증을 부리기 때문에 어린이집 수업과 치료에도 어려움을 겪었다. 수면장애에는 운동이 최고의 처방이다. 특히 평소에도 늘 긴장하여 힘이 들어가 있는 민수의 근육을 풀어주기 위해서는 적당한 운동을 찾아야 했다. 어린이집에서 민수가 친구들의 체육활동에 관심을 보인다는 이야기를 듣고 나는 어머니에게 민수의 운동을 권했다. 그녀는 곧장 집 주변의 태권도장을 수소문하겠다고 했다. 그러나 다음날 민수 어머니는 풀이 죽은 얼굴로 원장실을 찾았다.

"속상해요, 원장님. 태권도장에서 우리 민수는 안 받아준대요. 민수한테 운동이 꼭 필요한데…… 너무 야박하네요."

"그런 태권도장은 안 다니면 되죠."

서운한 얼굴로 속상함을 드러내는 민수 어머니에게 나는 다른 운동을 권했다. 앞으로도 민수와 민수 어머니는 사람들의 편견과 선입견으로 인해 많은 상처를 받을 것이다. 그러나 그때마다 좌절하기보다는 다른 해결책을 찾는 게 바람직하다는 것을 알려주고 싶었다. 다행히 연구원에서 멀지 않은 곳에 장애인의 눈높이에 맞는 다양한 프로그램을 운영하며 재활체육을 활성화하는 체육센터가 있었다. 낯선 곳을 두려워하는 민수지만 치료를 위해 그곳에서 특별한 적응 훈련을 받기로 했다.

치료사는 민수에게 수영에 관한 사진을 보여주며 곧 민수가 수영을 시작할 것이라는 사실을 미리 알려주었고, 수영 강습을 시작하기 전에 민수 어머니는 민수와 함께 수영장을 몇 차례 방문하여 민수가 물에 대한 두려움을 갖지 않게 하려고 하였다.

드디어 수영 강습 첫날이 되었다. 펠프스도 수영장에 처음 간 날에는 물에 들어가지 않겠다고 소리를 지르며 수건을 던졌다고 하는데, 민수는 과연 사방이 막힌 수영장에 잘 적응할 수 있을지 우리는 모두 기대와 걱정 사이를 오갔다. 그러나 나는 민수 어머니와 민수를 믿었다. 민수 어머니는 민수에게 필요한 치료라면 결코 물러설 사람이 아니었다. 민수 어머니는 절대 끊을 수 없을 것 같았던 실리콘 젖꼭지를 하루 저녁에 떼어 내고 마는 결단력과 실행력을 가진 사람이었다. 민수 역시 1년 동안 다양한 영역의 치료를 받으면서 낯선 환경에 대한 적응력이 처음보다 높아진 상태였다. 처음으로 몸을 물속에 담그는 것에 대해 두려움이 있을 수도 있지만, 민수의 마음속에 자라나는 호기심이 그 두려움을 이겨낼 수 있을 것이라고 나는 믿었다.

"원장님, 우리 민수 수영 잘해요!"

수영 수업을 마치고 걸려온 전화 속 민수 어머니의 목소리는 다행히 밝았다.

민수 어머니의 이야기로는 초반에는 들어가지 않겠다고 잠시 저항했지만, 곧 두려움을 이기고 어머니의 손을 붙잡고 수영장에 들어가는 것에 성공했다고 한다. 처음에는 물이 무서운 듯 물에서 멀찍이 자리하고 수영교사와 다른 사람들을 바라보고만 있었다고 한다. 하지만 어머니의 재촉에 겨우 발만 물에 담갔다가 부드러운 물의 감촉이 싫지 않았는지 그후 민수는 연신 첨벙거리며 큰 문제없이 첫 번째 수영 수업을 마쳤다고 한다. 아직 온몸을 물에 담그거나 머리를 물속에 넣지는 못했지만 첫술에 배부를 수는 없었다. 여느 아이처럼 물장구를 치며 어머니와 즐거운 한 때를 보냈다는 것만으로 충분했다.

수영 수업을 시작하면서 민수가 익힌 것은 수영 기술뿐만이 아니었다. 아직 생활에 필요한 다양한 기술을 익히지 못한 민수는 수영장에 들어가기 위해 평상복을 벗고 수영복으로 갈아입기, 수영이 끝나면 몸을 씻고 말리기 등 수영을 하기 위해 필요한 차례와 순서를 배우고, 자신의 물건 챙겨 다니기 등 생활에 필요한 기술 역시 수영강습을 통해 배우고 발전시켜 나갔다.

일상생활에 필요한 기술을 익히는 연습은 집에서 하기 어렵다. 대부분의 아이가 짜증을 내며 지루해하기 때문이다. 그러나 집이 아닌 외부 공간에서 자신이 좋아하는 활동을 중심으로 생활 기술을 연습하면 아이의 참여도 높고 적응력도 빠르다. 수영을 처음 시작했을 때는 모든 것을 어머니가 돌봐주었지만 차츰 온몸을 물에 담그고 머리까지 물속에 담글 수 있게 되면서 민수의 수영실력이 점점 느는 것처럼, 비록 오랜 시간이 걸리긴 했어도 민수가 스스로 할 수 있는 것이 하나둘씩 늘어났다.

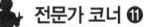 전문가 코너 ⑪

## 자폐스펙트럼 장애아동의 수면장애

많은 자폐스펙트럼 장애아동이 수면장애를 겪고 있다. 자폐스펙트럼 장애아동은 어렵게 잠을 재웠다 하더라도 작은 자극만으로 잠을 깨어 보호자를 힘들게 한다. 편식습관을 고치는 것과 같이 수면장애를 완화하기 위해서는 아이의 낮잠 시간을 조절하고 늦잠 자는 것을 방치해서는 안 된다.

또한 보호자는 아이의 활동을 정확한 일과로 작성하여 실행하는 것이 필요하다. 매일 저녁 같은 시간에 식사를 하고 정해진 시간에 목욕을 하며 잠자리에 드는 시간도 정해 놓아야 한다.

마지막으로 보호자가 수면일기를 작성하는 것이 수면장애 완화에 큰 도움을 준다. 수면일기를 작성하여 아이가 자주 깨는 시간을 확인한 후 소리와 같은 외부 자극을 제거하여 아이가 편안하게 잠들 수 있는 환경을 제공해야 한다.

수면장애가 심한 경우, 정신건강의학과 의사와의 상담을 통해 약을 처방받는 것도 치료방법 중 하나다. 언제나 그렇듯이 약의 처방은 아이에게 미칠 득과 실을 따져 이익이 더 많다면 실행하여 볼 만하다.

## 제한설정, 놀이를 중단하다

　꾸준히 자폐스펙트럼 장애치료를 받으면서 민수에게도 몇 가지 변화가 일어났다. 우선 민수는 자신과 다른 사람의 차이를 인식하게 되었다. 거기에 그치지 않고 다른 사람의 행동을 관찰하면서 하나둘씩 따라 하기 시작했다. 특히 자극적인 행동에 민감하게 반응하면서 소위 말하는 미운 다섯 살이자 고집쟁이 폭군의 모습도 보이기 시작했다.
　놀이치료 시간, 민수가 장난감을 우르르 쏟아냈다. 치료사가 제지했지만 민수는 들은 척 만 척 하며 쏟아 놓은 장난감을 마구 헤집어 놓았다.
　"민수야, 선생님이 속상해. 선생님이랑 같이 장난감 치우자!"
　치료사가 민수의 행동을 제지하며 함께 장난감을 치우자고 권했지만 민수는 거부하며 치료사의 손에서 벗어났다. 그 후 창문을 의미 없이 여닫기를 반복하다가 그것도 이내 싫증이 났는지

치료실에서 나가려는 시도를 거듭했다.

"민수야, 여기서 나가고 싶니? 그렇지만 지금은 여기에서 놀아야 해. 30분이 지나야 나갈 수 있어!"

문밖에는 어머니가 버티고 있고, 치료실에서는 치료사가 엄하게 제지하자 민수는 쏟아 놓은 장난감을 마구 던지며 화풀이를 시작했다.

이런 민수의 문제행동은 2010년 3월부터 증가하였다. 변화를 두려워했던 민수는 주변 환경이 바뀌고, 어린이집에서도 낯설고 새로운 친구들과 만나면서 불안감이 커진 듯했다. 어린이집에서는 친구를 때리고 치료시간에는 치료사의 말에 일부러 반대로 행동한 후 치료사의 눈치를 살피며 불안감을 표현했다. 치료사가 울거나 슬픈 시늉을 하면 큰 눈을 깜박이며 치료사를 살피러 다가왔던 순하고 따뜻했던 예전의 모습은 오간데 없고, 오히려 그 모습이 즐거운 듯 소리 내어 '깔깔' 웃는 폭군이 된 것이다.

아이가 미운 네 살, 다섯 살이 되면, 그전과는 달리 일부러 상대의 화를 돋우기 위해 말썽을 부리기도 한다. 그런 행동을 하면 보호자의 인내심은 바닥이 난다. 이럴 경우 보호자가 감정적으로 반응하면 교육적 효과를 얻을 수 없다. 이럴 때는 행동의 결과가 아니라 원인에 집중하여 아이의 마음을 살펴야 말썽을 부리는 행동을 수정할 수 있지만, 말처럼 쉬운 것이 아니다. 더욱이 아이의 고집을 무조건 받아들이는 것도 좋은 방법은 아니다. 당시의 민수처럼 아이가 극단적인 반응을 할 때는 '제한설정'을 해볼 필요가 있다.

당시 치료사 역시 민수가 어떤 제지에도 반응을 보이지 않자 '제한설정'을 선언했다.

"민수가 선생님 말을 안 들어서 오늘은 더 이상 장난감을 가지고 놀 수 없어!"

아이가 치료시간에 산만하게 행동하고 규율을 어기는 정도가 심해 더 이상 치료를 진행할 수 없다고 판단했을 때, 그 시간의 치료를 중단하는 것을 '제한설정'이라고 한다. 놀이를 마칠 시간이 되지 않았는데도 계속 퇴실하려는 시도를 하거나 치료사의 이야기에 전혀 반응하지 않고 자기 마음대로 놀이를 진행하려고 할 때 이런 방법을 사용한다. '제한설정'을 통해 아이의 부정적인 감정 상승을 막고 자신의 행동에서 잘못된 점을 스스로 깨닫게 해서 부적응행동을 개선하는 치료방법이다. 어느 정도 치료에 익숙해진 아이에게 치료 중에 약속을 어기는 행동을 하면 그에 대한 결과를 스스로 경험하도록 하여 행동조절을 이끌어내는 것이다. 이때는 치료실에서 나가지 않겠다고 떼를 쓰거나 치료실에 다시 들어오겠다고 고집을 피워도 아동의 요구를 들어주지 않고 치료시간을 끝냄으로써 스스로의 행동에 책임을 지게 한다. 그러한 경험을 통해 아이의 문제행동을 수정하고 인내심을 기르도록 유도한다.

그러나 폭군 민수는 치료사의 어떤 제지에도 꿈쩍하지 않았다. 처음으로 '제한설정'을 경험하자 민수는 당황한 듯 치료사의 눈치를 보며 슬금슬금 장난감 곁으로 다가왔다. 치료사의 단호한 제지에 장난감을 가지고 놀 수 없었지만, 그뿐이었다. '제한설정'이라는 극단적인 방법을 사용했음에도 민수의 행동은 변한 것이 없었다. 다른 치료시간에도 산만한 행동을 보이고 계속해서 문제행동을 일으켜 치료사와 민수 어머니는 한숨을 내쉴 때가 많았다.

그러나 분명한 점은 부적응행동의 양상이 2009년과는 달라지고 있었다는 것이다. 산만하고 집중하지 못하는 모습은 변함없었지만 2009년의 민수는 자신의 세계에서 나오지 않기 위해 저항했고 아무 뜻도, 의미도 없는 말을 반복했었다. 하지만 2010년의 민수가 보인 문제행동은 반항적이긴 했지만 부정확한 발음에 뜻과 의미를 담아 다른 사람들과 열심히 의사소통하려 했다는 점에서 차이가 있었다. 그뿐만 아니라 민수의 부적응행동은 다른 사람의 태도에 정서적인 반응을 보이고 있었으며 정도의 조절도 가능했다. 2010년에 나타난 민수의 부적응행동은 오히려 자폐스펙트럼 장애가 호전되고 있다는 증거였다.

## 전문가 코너 ⑫
### 치료적 제한설정

치료실에서 아동의 신체적·정서적 안정을 보장하고 아동의 의사결정과 자기통제, 책임감을 촉진시키기 위해 사용하는 '제한설정'은 자폐스펙트럼 장애아동은 물론 일반아동의 발달에도 도움을 준다. 치료적 제한설정은 4단계의 과정으로 이루어진다.

- 1단계(아동의 마음 읽어주기) : 아동의 감정이나 바람, 원망을 읽어주는 것으로부터 시작해야 한다. 다른 사람이 자신의 감정을 알고 이해하는 것만으로도 아동의 부정적인 감정은 약화된다.

- 2단계(제한설정하기) : 제한은 분명하고 정확하게 전달해야 한다. 다른 사람의 말과 행동에 관심이 없는 아이에게 복잡하고 모호한 제한을 한다면 오히려 아이를 혼란스럽게 할 뿐이다.

- 3단계(수용 가능한 대안주기) : 현실적으로 아동이 수용 가능한 방식으로 문제를 해결하는 행동을 가르친다. 이것은 아동이 사회생활에 적응하는데 매우 중요한 연습이 된다.

- 4단계(마지막 선택 알려주기) : 아동이 어떤 선택을 하든 그 선택에 대한 결과를 책임질 수 있도록 도와주어야 한다. 대부분의 보호자는 아동이 부정적인 선택을 하면 감정적으로 반응하고 질책을 가한다. 하지만 이럴 경우 치료적 제한설정의 모든 단계가 허물어지며, 아이는 그 어떤 교훈도 얻을 수가 없다.

## 세상에서 가장 소중한 보물

반항적인 행동은 한 곳에서만 나타나지 않는다. 치료실에서 치료사의 말을 듣지 않고 고집을 피우는 민수가 집에서 어머니의 말에 고분고분할 리 없었다. 민수는 어머니의 말은 대부분 무시하고 어머니의 지시와는 반대로 행동했으며 어머니의 눈치를 살핀 후 자신의 고집을 세우기 시작했다. 그러다 민수도, 민수 어머니도 가슴을 쓸어내리는 사건이 일어났다.

"원장님, 민수를 잃어버려서 큰일 나는 줄 알았어요."

부모교육과 상담시간에 만난 민수 어머니는 아직도 놀람이 가시지 않았는지 말을 꺼내기도 전에 눈가에 눈물이 맺혔다. 민수가 스스로 생각하는 것도 늘고 고집도 커지는 가운데 주변 어른 모두를 놀라게 한 '민수 실종사건'이 일어났다. 실종이라고 해봤자 서로 5분 남짓 헤어져 있었을 뿐이지만, 민수 어머니와 민수 모두에게 평생 잊을 수 없는 큰 사건이었다.

민수가 어머니와 헤어진 것은 그야말로 눈 깜짝할 사이에 벌어졌다. 민수 어머니는 어린이집 수업이 없는 주말이면 민수를 데리고 어디든 다녔다. 다양한 사회적 경험을 통해 민수의 인지 기능 발달과 사회성 발달을 돕기 위해서였다. '곰'을 직접 본 아이와 사진으로만 본 아이, '박물관'에 가서 유물을 직접 본 아이와 그림으로만 유물을 본 아이는 어휘습득 능력에서 차이를 보일 뿐만 아니라 장소에 걸맞은 행동을 하는 것에도 차이가 있다. 민수의 발달에 도움이 되는 일이라면, 혹여 민수의 부적응행동으로 주위의 눈치가 보이더라도 아랑곳하지 않고 민수 어머니는 민수와 함께 서울 시내 곳곳을 방문하였다. 그날도 주말을 맞아 어머니와 민수는 올림픽공원을 방문하고 돌아오던 길이었다.

민수와 어머니는 지하철 환승을 위해 엘리베이터를 기다리고 있었다. 어머니의 손을 잡고 얌전히 엘리베이터를 탔으면 좋았으련만, 민수는 갑자기 엘리베이터 문이 닫히기 전에 엘리베이터에서 혼자 내려 계단으로 향했다. 민수가 내리자마자 엘리베이터 문이 닫혔기 때문에 뛰어가서 민수를 붙잡을 수도 없었다. 어머니는 멀어지는 민수를 보며 "계단이 끝나는 지하 2층에 만나자. 거기 꼼짝하지 말고 있어!"라고 소리쳤지만 민수 어머니가 탄 엘리베이터는 지하 2층에 서지 않고 지하 3층에서 멈추었다. 깜짝 놀란 어머니는 민수를 찾기 위해 지하 2층으로 황급히 뛰어 올라갔지만 민수의 모습은 보이지 않았다.

아이가 보이지 않자 민수 어머니의 머릿속은 순간 하얘졌다. 처음 민수가 장애 진단을 받았을 때 세상의 모든 불행이 자신에게 몰려오는 느낌이었지만 아이를 잃어버린 막막함에는 비할 바가 아니었다. 민수 어머니는 눈물을 흘리며 민수의 이름을 하염없이 부르기 시작했다. '하느님, 예수님, 부처님 제가 잘못했습니다. 제 잘못은 저한테 벌을 내리시고 제발 우리 민수 좀 찾아주세요.'

짧지만 영원처럼 느껴졌던 그 순간, 민수 어머니는 민수가 자신에게 얼마나 소중한 존재인지 새삼 확인했다. 장애아동을 키운다는 것은 결코 쉬운 일이 아니다. 헌신적인 어머니라도 지치고 힘들 때면 모든 것을 놓아버리고 싶은 유혹의 순간을 겪을 수 있다. 그러나 민수가 눈앞에 보이지 않는 그 순간, 민수 어머니는 자신에게 민수가 얼마나 소중한 존재인지 절실하게 깨달았다. 어머니가 민수의 이름을 부르며 역사를 헤매자 주변 사람들이 몰려들기 시작했다. 사람들이 웅성거리자 역무원이 나와 사정을 물었다. 마침 다른 역무원이 지하 2층에서 '엄마'를 부르며 서럽게 울고 있는 민수를 찾아 안전하게 보호 중이라며 민수 어머니를 사무실로 안내했다.

민수와 떨어져 있었던 시간은 5분여밖에 되지 않았지만 공포와 두려움은 시간의 길이에 비례하지 않는다. 놀란 모자는 서로의 얼굴을 보자마자 얼싸안고 한참을 그대로 움직이지 못했다. 민수 어머니는 긴장이 풀려서 걸을 수도 없었고 민수도 놀란 듯 얼굴에 핏기가 없었다. 집에 돌아온 민수 어머니는 잘 먹지 못하는 우황청심환을 먹고 놀란 가슴을 겨우 진정시켰다.

민수의 실종사건은 장애가 있든 없든 자식이 부모에게 얼마나 소중한 존재인지 깨닫는 귀한 경험이 되었다. 그녀는 나에게 당시 이야기를 털어놓으면서도 그때의 두려움이 떠오르는 듯 손발을 떨었다. 자신의 고집 때문에 벌어진 일이니만큼 민수도 적잖이 놀랐을 텐데, 안타깝게도 미아사건의 교훈은 민수에게 하루의 자극도 되지 않았다.

큰 사건을 겪었어도 그때뿐이지 민수의 산만함은 변함이 없었다. 여전히 치료시간에 자기가 하고 싶은 대로 장난감을 마구 어지럽히고 치료사의 말은 콧등으로 흘려 듣기만 했다. 민수가 치료시간에 제대로 집중하지 않으니 치료 효과를 기대하기도 어려웠다.

결국 민수의 약물 용량 처방에 대한 논의가 다시 시작되었다. 약의 용량을 늘릴 경우, 민수는 오전에는 약 기운을 이기지 못해 멍한 표정으로 모든 자극에 대해 느린 반응을 보였다. 그렇지만 약의 용량을 줄일 경우, 온종일 그 산만함을 다스리지 못해 치료 교육의 효과가 떨어졌다. 안동현 교수는 민수에게 약을 처방할 때 민수의 태도를 치료사들에게 꼼꼼히 물었다. 민수의 치료효과를 높이기 위한 방편으로 처방하는 약이니만큼, 민수가 치료시간에 보이는 집중도가 약물 처방의 기준이었다.

그때 통합전문가회의에서는 당시 외부환경의 변화에 따른 스트레스로 인해 민수가 산만한 행동을 보인다고 생각했다. 그래서 약물의 양을 늘리는 것보다는 새로운 교사와 새로운 수업, 새로운 친구에게 익숙해질 시간을 민수에게 주어야 한다고 판단하였다. 장애가 있든 없든 여섯 살 어린아이가 새로운 교사와 수업, 친구들을 만나는 것은 흥분할 만한 사건이었기 때문이다. 누구에게나 있을 수 있는 일에 섣불리 어른들이 개입을 하는 것은 바람직하지 않다고 생각해서 조금 더 시간을 가지고 민수 스스로 변화하기를 기다리기로 결정한 바 있다.

그러나 시간이 흘러도 민수의 산만한 행동에는 변화가 없었고, 오히려 큰 사건을 겪었음에도 민수의 행동은 조금도 달라지지 않았다. 이제는 민수의 산만함이 일시적인 현상인지, 아니면 지속될 상황인지 다시 판단해야 할 때가 온 것이다. 그리고 판단의 기준은 언제나 '아이에게 더 도움이 되는 것은 무엇인지'에 달려 있었다. 치료시간에 한시도 제대로 앉아 있지 않고 선생님의 지시에도 아무런 반응을 하지 않는 아이에게 아무런 조치도 하지 않고 시간만 보낼 수는 없었다. 결국 통합전문가회의에서는 안동현 교수의 의견대로 민수의 처방 약물의 양을 늘리기로 했다.

약물의 처방을 늘리자 산만했던 민수의 행동은 거짓말처럼 안정되었다. 치료사의 지시에 따라 착석도 가능해지고 치료사의 말을 따라 하기도 하며 치료사의 표정을 살피던 순한 얼굴의 예전 민수로 돌아왔다.

이처럼 아이의 행동에 즉각 변화를 줄 수 있는 약물치료는 자폐스펙트럼 장애치료에서 중요한 역할을 하지만, 그만큼 신중한 선택을 해야 한다. 민수의 경우는 안동현 교수가 지속적으로 관심을 두고 치료사들과 끊임없는 회의를 통해 민수에게 도움이 되는 최적의 양을 찾았기 때문에 최고의 효과를 거둘 수가 있었다.

## 장애를 받아들이는 마지막 단계

 2010년을 맞이하면서 생활에 변화가 생긴 것은 민수뿐만이 아니었다. 민수 어머니도 한국 생활이 익숙해지면서 좀 더 긍정적이고 적극적으로 변하기 시작하였다. 처음 한국에 올 때 민수 어머니는 기대와 희망에 부풀었다. 그녀는 자폐스펙트럼 장애치료에 대한 인프라가 부족한 중국보다 체계적인 경험과 과학적인 시설을 갖춘 한국에서 치료를 받으면 민수가 금세 나아져서 곧 중국으로 돌아갈 수 있을 것이라는 꿈을 가지고 한국행을 선택하였다.
 그러나 마음속에서 결심했던 1년을 한국에서 보냈지만, 민수는 민수 어머니의 욕심대로 발달하지 않았다. 그러나 그 1년의 세월 동안 민수 어머니는 단단해져 있었다. 민수를 완치시키려면 평생이 걸릴 수도 있고, 혹은 평생 동안 치료교육을 해도 완치되지 않을 수 있다는 사실을 깨달은 것이다. 이제 그녀는 혹시 평생

토록 얻지 못할 수도 있는 '완치'에 매달리는 것보다 민수에게 도움이 되는 것이 무엇인지 현실적인 대안을 찾기 시작했다.

"원장님, 드릴 말씀이 있는데요……."

민수가 치료실에 들어간 후 민수 어머니가 원장실로 찾아왔다. 그녀는 워낙 예의 바르고 조심성이 많은 사람이라서 통합전문가회의나 상담이 있기 전에 원장실을 먼저 찾는 일이 드물었다. 이처럼 어려운 걸음으로 찾아왔으니 중요한 말을 하려는 듯싶었다.

"원장님, 제가 보육교사교육원에 입학할 수 있을까요?"

그녀가 갑자기 보육교사가 되려는 이유가 궁금했다.

"왜 보육교사 자격증을 따려는 건가요?"

민수 어머니는 긴 한숨으로 속내를 털어놓았다.

"하루 이틀 치료해서 민수가 나아질 것도 아니고, 지속적으로 관리를 받아야 하는데 중국에 돌아가면 민수를 딱히 믿고 맡길 데가 없다는 것을 알았어요……."

민수 어머니는 당장 닥칠 내일보다 더 멀게 민수의 미래를 보기 시작한 것이다.

"민수가 장애진단을 받은 후 치료를 하면서 느꼈는데, 제가 민수를 낳기만 했지 한국에 와서야 엄마 노릇을 제대로 했던 것 같아요. 민수에게 정말 미안해요……."

민수가 처음 진단을 받을 때가 생각났는지 그녀는 눈물을 글썽이기 시작하였다.

"이곳에서 민수한테 필요한 것들을 배워 두면 중국으로 돌아가서도 도움이 될 것 같고, 나중에 민수가 좋아지면 민수처럼 마음대로 어린이집에 다니지 못한 아이들을 위한 시설을 만들어도 좋을 것 같아요……."

그동안 중국에서 성실하고 용감하게 자신의 삶을 개척하여 비즈니스 여성으로 성공가도를 달렸던 민수 어머니는 민수의 장애 진단으로 일을 그만두고 홀홀단신 한국에 와서 민수 어머니로서의 삶을 선택하였다. 그녀는 그 길에서 자신이 할 수 있는 일을 찾아낸 것이다. 자녀의 장애를 받아들이는 마지막 단계는 내 아이의 장애를 넘어 같은 장애가 있는 아이를 둔 보호자와 커뮤니티를 형성하고 서로에게 도움이 되는 법적·사회적·의료적 정보를 나누는 것이다. 1년 동안의 한국 체류를 통해 민수의 장애를 전적으로 받아들인 민수 어머니는 이제 그 시선을 좀 더 넓게 멀리 두고 있었다.

보육교사교육원 등록에는 적잖은 비용이 필요했고 더욱이 중국 국적의 민수 어머니가 한국보육교사 자격증을 받을 수 없어서 선뜻 권할 수는 없었지만, 나는 그 결심을 말리고 싶지 않았다.

한국 체류 1년 동안 그녀는 그 시간을 민수의 어머니로만 보냈다. 민수가 어린이집에 등원하면 민수의 수업이 끝날때까지 어린이집 근처에서 민수를 기다렸다. 이곳을 벗어나 자신만의 시간을 갖기에는 서울 지리에 아직 서툴렀고 커피 한 잔을 함께할 친구도 없었다. 민수가 어린이집을 나서면 연구원으로 와서 두어 시간 치료를 받는 동안에도 치료실 바깥에서 기다렸고, 연구원의 치료가 없으면 감각통합치료를 받기 위해 타 기관으로 향했다. 자신의 시간은 갖지 못하고 한국에 머물면서 보낸 1년을 오롯이 민수의 치료에 바친 것이다.

그러나 그 헌신이 아이에게 꼭 도움 되는 것은 아니다. 아이와 함께 있는 시간이 길면 길수록, 자신의 시간을 갖지 못하면 못할수록 보호자는 냉정한 관찰자가 된다. 자신이 헌신한 만큼 아이가 발전하길 바라지만, 그 깊고 무거운 헌신에 비례하여 아이가 자라는 것은 아니다. 보호자의 희생이 깊어질수록 아이의 장점보다 단점에 더 무게를 두기 마련이고, 스트레스를 받고 참는 것이 많아질수록 아이를 재촉하는 일도 잦아진다.

보육교사교육원은 아침 10시에 시작하여 오후 2시 30분에 수업이 끝난다. 민수가 어린이집에 간 사이 그녀도 '민수 어머니'라는 명찰을 떼고 '최화선'이라는 자신의 이름표로 생활할 여유를 가질 수 있다. 그 시간을 보다 먼 미래를 위해 투자하겠다고 결심한 민수 어머니를 말릴 이유가 없었다.

"그런 생각이면 꼭 가야지요! 보육교사교육원 원장님한테 알아볼게요."

꼭 등록할 수 있도록 힘써 보겠으니 걱정하지 말라며 나는 민수 어머니를 안심시켰다. 그리고 보육교사교육원 원장에게 민수 어머니의 사연을 전했다.

"공식적으로 보육교사자격증을 드릴 수 없는 점을 알고도 지원하는 거라면, 저희가 없는 자리라도 만들어서 내드려야죠."

보육교사교육원 원장도 긍정적인 답변을 보내왔다. 중국 국적이라는 것을 제외하면 보육교사교육원에 지원하기에 민수 어머니는 결격사유가 전혀 없었다. 그 결과 2010년 3월부터 민수 어머니는 아이코리아 보육교사교육원에서 보육에 필요한 이론과 실기수업을 받기 시작했다. 물론 민수의 양육에 필요한 교육이었지만 민수 어머니로서가 아닌 자신에게도 필요한 시간이었다. 그녀는 그곳에서 비슷한 나이의 자녀를 키우며 겪는 어려움을 함께 나눌 수 있는 한국 친구를 만들어가기 시작했고 조금씩 타지생활에 적응해가고 있었다.

# 아이의 세계가 넓어진 증거, 회상하기

　버스나 지하철을 타고 갈 때 가끔 멍하니 창밖을 바라보다 내려야 할 정거장이나 역을 놓친 경우가 있을 것이다. 그때 우리는 서둘러 버스나 지하철에서 내린 후 온 길을 돌아가며 정신을 놓고 다닌 스스로를 자책하며 자신의 어리석음을 반성한다. 그렇게 생각지도 못한 낭패를 경험하여 자신에게 자책감을 느끼는 순간, 우리 두뇌는 외부환경과 차단된다. 눈을 떠서 풍경을 바라보고 귀를 열어 버스나 지하철의 안내음성을 듣긴 하지만 아무것도 기억에 남는 것이 없다. 당황스럽고 별로 유쾌하지만은 않은 그 순간의 경험이 안타깝게도 자폐스펙트럼 장애아동에게는 매일 마주하는 일상이다. 게다가 어느 순간이면 스스로 의식의 세계로 돌아올 수 있는 일반인과 달리 자폐스펙트럼 장애아동은 다른 사람의 도움이 없다면 그 멍하고 아득한 세상에 끝없이 머물러야 한다.

아이가 치료를 지속해도 변화가 없다며 조급함을 드러내는 보호자에게 나는 이렇게 설명한다. "어느 날 잠에서 깨어 보니 말도 통하지 않는 나라의 낯선 거리에 혼자 남겨진다면, 부모님은 어떻게 하시겠어요?" 일반인도 낯선 곳의 지리를 익히고 말을 배우기 위해 오랜 시간이 필요하듯, 안전하고 아득한 자신만의 세계에서 빠져나와 현실 세계에 익숙해지려면 적절한 자극과 넉넉한 시간이 필요하다고 나는 보호자를 설득한다.

민수도 아득한 자신만의 세계에 둥지를 틀고 있었기에 변화를 두려워했고 변화된 상황에 놓이는 것을 거부했다. 치료시간에도 익숙한 놀이를 정해진 순서에 따라서만 하겠다고 고집을 피웠고 새로운 놀이에는 좀처럼 적응하지 못했다. 다행인 점은 민수가 누구보다 성실했다는 것이다. 변화가 많았던 시기에도 "민수야, 놀러 가자"라는 말에 치료사의 손을 잡고 치료실로 들어갔으며 착석도 잘하고 양보도 잘했다. '치료시간의 양보'는 민수가 하고 싶은 놀이 대신 치료사가 하자고 한 행동을 먼저 하도록 용인하는 것을 말한다. 물론 자기가 놀고 싶어 하는 장난감을 얻기 위한 행동일 수도 있지만, 민수는 양보하기를 주저하지 않았다.

반복되는 활동을 좋아하고 어떤 상황이든 시간이 되면 교실에 입실하는 민수의 특징은 언어와 학습치료를 할 때 강점이 되었다. 그리고 1년여의 지속적인 반복의 결과, 2010년의 민수는 치료성과를 한꺼번에 쏟아내는 것이 아닌가 싶을 만큼 다양한 영역에서 하루가 다르게 성장하기 시작했다.

처음 어린이집에 등원했을 때만 해도 민수는 다른 사람에게 관심이 없었기에 대부분 혼자 놀았다. 친구의 행동을 따라 하며 사회구성원으로 소속되고 싶어 하는 마음은 있었지만 아직 장난감을 나누는 법을 몰랐고 함께 놀며 협력하는 데도 무리가 있었다. 어린이집 친구들도 친구마다 개별로 인식하는 것이 아니라 하나의 또래 집단으로 인식하는 듯했다. 2009년 입학 당시에는 어린이집 밖에서 만난 친구들이 반갑게 인사를 해도 민수는 전혀 관심을 갖지 않았다.

그러나 2010년 6월이 되면서 어린이집 등원과 하원길에 친구들을 만나면 민수가 반응을 보이기 시작했다. 손을 크게 흔들어 인사를 보내면서 반가움을 표시한 것이다. 함께 가던 민수 어머니가 부끄러워할 만큼 민수의 반응은 크고 격렬했다. 이처럼 자발적으로 또래에 대해 관심을 보이고 정서를 표현한다는 것은 민수의 세계가 확장되고 있다는 것을 의미했다. 확장된 민수의 세계에는 '과거'가 포함되고 '친구'가 등장하기 시작했다.

언어치료 시간에 놀이터 놀이를 하던 중 민수는 인형에게 '하하'라는 이름을 붙였다.

"하하가 누구야?"

언어치료사가 하하에 대해 물었지만 아직 '누구'라는 의미를 이해하지 못한 민수는 제대로 답을 하지 못했다. 새로운 사람이 치료시간에 등장하자 언어치료사는 민수 어머니에게 하하가 누군지 물어보았다.

"어린이집 친구 하민이에요. 하민이를 하하라고 불러요."

3세반인 가온반에 이어 4세반인 가람반까지 2년 동안 같은 반에서 생활한 하민이에 대한 관심은 민수의 성장을 입증하는 증거였다. 가온반 때는 별 관심을 보이지 않던 하민이에 대해 민수는 가람반에서는 다른 어느 친구보다 더 큰 관심을 보였다. 어린이집에서도 간혹 하민이와 함께 노는 모습을 보였다고 한다. 치료실에서 친구를 기억해 내고 인형을 '하하'로 상징하여 함께 놀고 싶은 마음을 표현한 민수가 대견스러웠다. 치료사는 친구의 이름을 부르며 어린이집 일상에 대해 이야기하는 민수를 칭찬하며 민수의 세계를 확장하기 위해 노력했다. 치료사의 칭찬에 신이 난 민수는 치료실 이곳저곳을 돌아다니며 하하와의 일상을 치료사에게 전했다.

어느 날 나는 치료를 기다리고 있던 민수를 만났다. 민수는 누가 시키지도 않았는데 먼저 내게 다가와 눈을 맞추고 인사를 건네더니 갑자기 "하하, 아야"라고 말했다. '아야'라고 말할 때 민수는 자신의 손으로 어깨와 가슴 사이를 때렸다. 민수가 친구 하하에게 관심이 많다는 것을 익히 알고 있던 나는 몸을 낮추고 민수에게 질문했다.

"하하가 때렸어? 민수 아파?"

나는 민수의 행동을 말로 표현하며 민수의 마음을 읽어주려고 노력했다. 그러자 민수는 환하게 웃으며 같은 말과 행동을 반복했다. 민수의 격한 반응에 민수 어머니가 당황스러운 듯 미소를 지었다.

"친구 하민이가 아파서 병원에 간 모양이에요. 선생님을 만날 때마다 하민이 이야기를 늘어놓네요."

민수 어머니의 설명에 나는 민수와 다시 눈을 맞추고 이야기를 건넸다.

"하하가 아파서 민수가 슬프구나. 내일 어린이집 가면 하하를 만날 수 있을 거야."

민수의 걱정되는 마음을 덜어주기 위해 상황을 설명해주자 민수는 내 말을 알아들었는지 큰 눈을 동그랗게 뜨고 나를 한참 바라보았다. 마침 언어치료사가 민수의 곁으로 다가오자 나는 큰 소리로 민수를 칭찬했다.

"민수 최고! 언어 선생님께도 하하 이야기 해주세요."

친구와의 사건을 회상한 것을 칭찬해주자 민수는 신이 났는지 나에게 한 말과 행동을 언어치료사에게 반복했다. 대견한 민수의 모습에 민수 어머니와 나는 눈을 맞추며 미소를 교환했다. 이제 민수는 전문가가 아니라도 쉽게 알아볼 수 있을 만큼 어제와 오늘이 달랐다. '회상'하기 시작했다는 것은 생각보다 큰 발전이었다.

멍하니 버스를 타고 가면 아무것도 기억이 나지 않는다. 언제부터 생각이 멈추었는지 아무리 기억하려고 해도 남는 것이 없다. 또한 낯선 곳에 가면 길을 찾기 어렵다. 여기가 어딘지 알 수 없기 때문이다. 회상도 마찬가지다. 3~4세 어린이에게 오늘 어린이집이나 유치원에서 있었던 일을 물어보면 대부분 당황하며 엉뚱한 말을 늘어놓기 일쑤다. 그러다 5~6세가 되면 하루의 일과를 비교적 정교하게 회상하기 시작한다. 회상은 단순히 기억하는 것이 아니라 생각을 했다는 것을 의미한다. 자폐스펙트럼 장애아동이 사실뿐 아니라 경험과 생각을 머릿속에서 처리하여 다른 사람들과 의사소통을 한다는 것은 실로 놀라운 발전이었다. 민수는 또 한 발자국 내디딘 것이다.

그때부터 우리는 민수의 모든 치료시간에 '하하'라고 불리는 친구 '하민이'를 등장시켰다. '안 먹어' '안 가'와 같은 부정어를 설명할 때도 하민이를 주인공으로 하여 "하하 안 먹어" "하하 안 놀아"로 표현하고 도형을 사용하여 그림 그리기 활동을 할 때도 '하하 얼굴 세모' '민수 얼굴 동그라미' 등으로 표현했으며 정서 표현을 할 때도 "'민수 웃어" "하하 웃어" 등으로 친구에 대한 민수의 관심을 교육활동에 적극 반영하였다.

민수는 친구 이름이 나오는 모든 활동을 할 때면 '깔깔' 웃다가 의자 위에서 떨어질 만큼 재미있어 했다. 그중에서도 민수가 제일 좋아했던 것은 자신이 행동하면 치료사가 말로 표현해주며 자신의 정서를 읽어주는 것이었다.

민수는 다양한 몸짓과 말을 통해 하민이의 이야기를 시작했다. 치료사에게 "하하가"라고 말을 하고는 자신의 머리를 때렸다. "하민이가 머리를 때렸어?"라고 치료사가 물으면 민수는 큰 눈을 껌벅이며 고개를 끄덕였다. "민수 아팠겠다. 하민이 나빠! 선생님이 호~ 해줄게"라며 치료사가 자신의 마음을 읽어주면 민수는 빙그레 혼자 웃곤 했다. 또한 다른 친구의 이름을 생각하는 듯이 눈동자를 굴리며 어린이집의 일상을 치료사에게 전해주려고 애쓰기도 하였다.

민수의 회상 능력이 하루가 다르게 발전할 수 있도록 우리 모두는 민수의 일상을 하나라도 더 챙기기 위해 바빠졌다. 민수의 일상에 대해 많이 알수록 민수가 회상 시간을 통해 친구의 이름이나 사건에 대한 표현을 다양하게 할 수 있기 때문이다. 비록 제한적이긴 했지만 기억하고 표현하는 단순한 사고 활동을 통해 이제 민수는 '나와 너'에 대한 개념을 일반화하기 시작하였다. 이와 더불어 민수의 언어표현 역시 크게 발전하기 시작하였다.

**전문가 코너 ⓲**
## 회상하기

회상하기는 경험한 내용을 머릿속에 저장했다가 그것이 필요할 때 사용하는 인지과정이며 지적 활동의 중요한 요인이 되기도 한다. 회상하기는 정보를 받아들이는 '부호화'와 받아들인 정보의 '저장', 저장된 정보를 꺼내 쓰는 '인출' 세 가지의 과정을 거친다.

가끔 드라마나 영화에서 자폐스펙트럼 장애인을 비상한 기억력의 소유자로 그리곤 하는데, 그런 특별한 능력을 지닌 자폐스펙트럼 장애인은 소수에 불과하다. 오히려 많은 자폐스펙트럼 장애인이 기억하고 회상하는 데 어려움을 느낀다. 따라서 목표를 가지고 일상을 기억하고 저장하여 인출할 수 있도록 끊임없이 자극을 주는 '회상하기 훈련'은 자폐스펙트럼 장애아동에게 어려운 교육과정이지만 대화와 같은 의사소통을 하기 위해서는 꼭 필요한 과정이기도 하다.

보호자 대부분은 아이가 치료실에서는 회상하기를 하는데 집에서는 제대로 답을 하지 않는다며 어려움을 호소한다. 집에서 아이와 회상하기를 할 때에는 아이가 이해할 수 있는 단순한 단어로부터 출발하는 것이 좋다. 시간 개념과 의문사를 이해하지 못하는 아이에게 "아침에 뭐 먹었어?"라고 물으면 대답을 어려워한다. 아이가 보호자의 말에 대답하지 않는 이유는 '아침'이라는 시간 개념과 '무엇'이라는 의문사를 이해하지 못하기 때문이다. 아이와 회상하기를 할 때는 "예" "아니오"로 대답할 수 있는 단순한 질문으로 시작하여 아이의 수준에 맞는 어휘로 발전해가는 것이 중요하다.

## 때리는 것이 왜 나빠요?

　자폐스펙트럼 장애를 가진 아이에게 절대로 해서는 안 되는 행동이 하나 있다. 바로 체벌이다.
　자폐스펙트럼 장애아동은 사건의 원인과 결과를 이해하지 못한다. 즉 자신이 잘못해서 그 벌로 '매'를 맞는 것을 이해하지 못하기 때문에 체벌 후 어떤 교훈도 얻지 못하고 남는 것은 아프다는 감각뿐이다. 아동의 문제행동에 매를 들어 수정하면 아이에게는 좌절과 분노 감정만 남는다. 잘못된 수정방법으로 인해 아이의 부적절한 행동은 강도가 더 심해지고 덩달아 보호자의 체벌 강도도 더 강해지는 악순환이 반복되는 것이다. 그러다 물리적으로 제압이 가능한 어린 시절이 지나고 아이에게 사춘기가 오면 더 이상 매를 들어 문제행동을 수정할 수도 없다.
　민수는 연구원에서 치료를 시작할 때부터 '매'처럼 보이는 길고 가는 막대에 대해 강한 거부감을 보였다. 매처럼 생긴 물건을 보면 소리 내서 울고 불안해하며 근처에도 가지 못했다. 막대에 대한 좋지 않은 기억이 있는 것이 틀림없었다.

"혹시 집에서 체벌로 매를 사용하세요?"

막대에 대한 민수의 거부반응이 심상치 않아 나는 조심스럽게 민수 어머니에게 물어보았다.

"아뇨. 그런 적 없어요."

민수가 막대에 대해 느끼는 불안감에 어머니도 적잖이 놀란 듯싶었다. 아마 중국에서 치료를 받을 때 어느 기관에서 막대를 사용하여 교육한 것은 아닌지 추측할 뿐이었다. 그러던 어느 날, 버들어린이집에서도 '막대'가 등장했다. 통합지원 교사가 '길다' '짧다'를 가르치기 위해 수막대를 꺼내자 민수는 자지러지게 울기 시작했다. 민수의 격한 반응에 놀란 어린이집 원장은 그 길로 조언을 구했다.

민수가 친구들의 도움으로 편식 습관을 고쳐나간 것처럼 또래 친구들의 도움으로 '막대'에 대한 긍정적인 경험을 하는 것이 좋겠다는 의견이 통합전문가회의에서 제시되었고, '수막대'와 민수를 격리하는 것보다 또래 친구들이 자연스럽게 수막대로 놀이하는 모습을 지켜보게 하는 것이 좋겠다는 결론에 도달하였다.

또래 친구들이 수막대를 이용하여 길이의 차이점을 찾아내고 퍼즐처럼 수막대로 다양한 도형을 만들어 노는 모습을 지켜보면서 민수는 수막대가 무섭고 두려운 매가 아니라 즐거운 장난감이라는 것을 차츰 알게 되었다. 처음에는 만지는 것은 고사하고 근처에도 가지 않으려고 했지만 친구들이 노는 모습을 지켜보며 조심스럽게 수막대를 만져보기도 했다. 우리가 의도한 대로 민수가 조금씩 놀이에 흥미를 느끼며 수막대에 대한 거부감을 줄이는 데 성공한 것이다.

치료가 진행되면서 민수는 세상에 대해 호기심을 갖기 시작했고 타인에게 정서적으로 반응하는 횟수도 늘어났다. 동시에 또래에 대한 관심도 부쩍 커졌다. 치료시간에 친구 이름이 나오면 민수는 발그레 미소를 지었다. 어린이집에서도 자유 선택활동 시간이면 가람반 교실 입구에 가서 친구 명단을 보고 자신이 좋아하는 친구 얼굴을 가리키며 이름을 말하기도 했다. 시간이 조금 더 지난 후에는 등원하지 않은 친구를 가리키며 이름을 말하는데 재미를 붙였다. 교사가 먼저 민수에게 등원하지 않은 친구의 얼굴을 가리키며 "성호가 안 왔구나" 하면 민수는 "아나어(안 왔어)"를 따라 하며 점차 말로 표현하는 것도 늘기 시작하였다.

그러나 민수는 내 것과 남의 것을 구분하는 데는 여전히 어려움을 느끼고 있었고 순서에 대한 이해도 부족한데다 게임이나 시합 같은 경쟁놀이에는 관심을 보이지 않았다. 정서에 대한 표현도 증가하긴 했지만 여전히 타인의 정서를 인식하는 데는 한계를 가지고 있었다. 표현방식도 몸짓보다 말을 하려는 시도가 증가하고 단순한 두 낱말 조합이 가능해졌지만 자음을 정확하게 발음하지 못하여 다른 사람과 명확하게 의사소통을 하지는 못하였다.

아이들은 순수하고 여리지만 냉정할 때도 있다. 민수가 또래에게 관심을 보이긴 했지만 '규칙'을 지키지 못하는 민수와 함께 놀아줄 친구는 많지 않았다. 어린이집 통합지원 교사가 부지런히 일반아동과 장애아동을 통합시켜 함께 놀 수 있는 자리를 마련하였지만 어울림은 오래가지 못했다. 오히려 눈치가 빠른 아이들은 "민수는 말도 못한다"며 놀려대기 시작했고 놀이에서도 조금씩 민수를 외면하기 시작했다. 그러자 놀이 기술도, 의사소통 기술도 모자란 민수는 친구들에 대한 관심의 표현을 부적절한 방식으로 이어갔다.

민수는 '함께 놀자'는 표현을 말이 아닌 '때리기' '잡아당기기' '끌어안기' 등 부적절한 행동으로 표현했고, 친구들이 하는 "하지마" "아파" 등의 거부 표현을 자신에 대한 반응으로 생각하여 행동을 멈추지 않았다. 친구들 쪽에서는 민수가 자신을 괴롭힌다고 생각하고 민수를 때리는 일도 일어났다. 타인에 대한 정서 인식이 부족한 민수는 친구들이 때리는 것 역시 자신에 대한 반응이라 생각하고 모든 일련의 과정을 놀이로 인식했다. 교사가 말려도 소용없었다. 민수는 그것을 자신만의 놀이라고 생각했는지 계속해서 친구들에게 부적절한 방식으로 접근했다.

또래보다 체구도 큰데다 적절한 언어 표현이 어려웠기에 자신의 의사표현을 '밀치기' '때리기' '물건 던지기'로 표현하는 민수 때문에 일반아동이 다치는 일도 발생했다. 민수는 자기가 하고 싶은 행동이 다른 사람에게 받아들여지지 않을 때는 "우~우~"하며 거친 울음소리를 내며 울기도 하였다. 또 다시 민수는 '무서운 아이'가 되어가고 있었다. 자신의 바람과는 달리 친구들과도 점점 멀어지고 있었다.

"친구야 함께 놀자, 나는 00놀이가 하고 싶어."

일반아동이 서너 살만 되면 할 수 있는 대화도 하지 못하고, 친구들의 거부반응도 이해하지 못한 채 마냥 즐거워하는 민수를 지켜보는 우리도 안타깝기는 마찬가지였다.

그때의 민수는 의사소통 능력이 부족하여 또래 세계에서 거부당하고 있었다. 그 때문에 좌절감을 느꼈을지도 모른다. 1년 6개월 동안 치료를 통해 몸도 마음도 많이 자랐지만 세상에 나가기에 민수는 아직 부족한 점이 많았다. 또렷하게 나오지 않은 말들, 부족한 상호작용과 부적절한 정서 반응 등 민수가 발전하면 발전할수록 부족한 점 역시 확연하게 드러났다.

## 부모가 짊어진 선택의 무게

"원장님, 민수 어머니와 민수에게 무슨 일이 있었나요?"

안동현 교수에게 다급한 전화를 받은 것은 2010년 10월, 민수의 치료가 2년 가까이 지난 시점이었다. 부모상담 시간이나 치료 시간에 민수 어머니의 얼굴빛이 어두워 보이긴 했지만 별다른 점을 느끼지 못했던 나는 안동현 교수의 전화를 받고 의아했다.

"민수 어머니가 민수의 치료방법을 바꾸고 싶다고 합니다. 통합교육 대신 조기교실에서 치료받게 하고 싶다고 하셨어요."

예측 못한 내용에 나는 적잖이 당황했다. 전문가로서의 객관적인 상황에 대한 평가를 내리기 전, 내가 느낀 감정은 인간적인 서운함이었다.

치료기관 변경은 치료를 받는 아동에게도, 치료하는 치료사들에게도 민감한 문제다. 치료기관을 변경한다는 것은 지금 받고 있는 치료기관의 치료과정과 방법을 더 이상 믿을 수 없다는 뜻이었다. 2년 가까이 전폭적인 신뢰와 믿음을 바탕으로 우리 연구원에 민수의 치료를 전적으로 맡겨온 민수 어머니의 갑작스러운 선택에 나는 당황했다. 비록 보호자와 치료사로 만난 사이지만 지난 2년 남짓, 민수 어머니와는 민수의 발전을 위해 서로 마음을 모으고 신뢰하는 관계라는 믿음이 나에게는 있었다. 그런데 치료기관 변경이라는 민감하고 어려운 문제를 민수 어머니가 나와 한마디 상의도 없이 독단적으로 결정했다는 것에 나는 적잖이 실망을 하였다. 나는 민수 어머니와 상담시간을 마련하였다. 안동현 교수와 상담을 하고 난 이후였기 때문인지 민수 어머니는 오늘의 상담내용을 이미 알고 있는 눈치였다.

"치료기관을 변경하고 싶다고 하셨던데, 연구원에 서운한 점이 있으세요?"

"아뇨, 연구원 때문에 아니에요. 민수 때문이에요."

민수 어머니는 평소와 같이 예의 바르게 이야기했지만 목소리는 경직되어 있었다.

"같이 보육교사 공부를 하는 친구가 민수가 다니는 어린이집에서 실습을 하고 있어요. 그 친구 말이 민수가 거기서 영 적응을 못한대요. 선생님의 관심과 지도도 받지 못하고 혼자 논다고 해요, 밥도 혼자 먹고……."

치료기관을 변경하고자 하는 이유를 설명하던 민수 어머니는 속상함 때문인지 울먹거리기 시작했다.

"연구원에서 치료받으면서 우리 민수가 많이 좋아지긴 했지만 아직 말도 제대로 못하고…… 괜히 어른들 욕심으로 어린이집

통합반에 보내서 민수 혼자 놀게 하느니 차라리 조기교실에서 지도받게 하는 것이 더 나을 것 같아요."

민수 어머니는 이미 마음의 결정을 내린 모양이었다.

"조기교실에서는 개별 치료도 함께 하기 때문에 이제 연구원은 다니지 못할 것 같아요."

나는 결정적인 그 말에 잠시 할 말을 잃었다. 지난 2년간 나와 함께 했던 시간에 대한 서운함을 내려놓더라도, 그녀의 자폐스펙트럼 장애에 대한 전반적인 이해가 아직도 부족하다는 사실을 깨달았기 때문이다.

장애아동이나 일반아동이나 보호자는 아이를 키울 때 언제나 선택의 기로에 놓인다. 아이의 재능을 찾고 부족한 점을 보완하기 위해 다양한 방면을 살펴 교육기관을 선택하는데, 매순간 자신의 선택이 아이에게 어떤 영향을 미칠지, 그리고 그것이 과연 최선의 선택인지 끊임없이 고민한다. 자폐스펙트럼 장애치료는 더욱 면밀한 선택이 필요하다. 조기 개입과 적절한 치료 여부에 따라 훗날 아이의 상태가 크게 차이가 날 수 있기 때문이다. 어떤 기관에서 자폐스펙트럼 장애를 치료한다고 해도 그 과정은 발전과 정체를 반복하게 되어 있다. 그러나 정체기가 오래되면 보호자는 치료기관에 대한 불신이 생기고 치료과정에 대해 회의를 느낀다. 모든 보호자가 그러하듯 민수 어머니에게도 불안과 불신의 시기가 다가온 것이다.

민수 어머니가 중국을 떠나서 한국에 자리 잡은 지도 2년이 가까워지고 있었다. 투자한 시간과 비용을 생각하면 그녀의 욕심

만큼 민수가 발달하지도 않은 것이 사실이다. 게다가 한국 생활에 익숙해지고 다른 자폐스펙트럼 장애아동의 보호자들과 친분이 쌓이면서 듣게 되는 확인되지 않은 수많은 정보는 민수 어머니의 머릿속을 복잡하게 만들었다. 그러다 어린이집에서 민수가 지도도 받지 못하고 혼자 놀고 있다는 지인의 이야기를 듣고 민수 어머니는 그동안 꾹꾹 눌러두었던 두려움과 불만을 폭발하게 된 것이다.

나는 민수 어머니와 상담을 끝내고 통합전문가회의를 소집했다. 아이의 치료를 결정하는 것은 전적으로 보호자의 몫이지만 이대로 그녀가 민수의 치료기관을 변경하는 것을 지켜보고 있을 수 없었다. 나를 포함하여 10여 명의 치료사는 물론 어린이집 원장과 교사, 거기에 안동현 교수까지 모두 민수의 치료를 위해 투자한 시간과 노력이 이대로 끝나는 것을 받아들이기 어려웠다. 그러나 그것보다 더 중요한 것은 현재 민수의 상태였다. 보호자가 감정적으로 치료기관을 변경하면 지금까지 이룬 민수의 치료와 교육의 성과가 수포로 돌아갈 상황이었다. 현재 민수가 치료기관을 변경해야 하는 상태인지 모든 영역의 치료사들과 꼼꼼하게 점검하기로 했다. 그 자리에서 우리는 민수의 치료기관 변경에 관해 수많은 의견을 나누었다.

민수 어머니의 선택에 서운함을 가장 많이 드러낸 곳은 어린이집이었다. 개원 초기부터 민수를 비롯한 장애아동과 일반아동의 통합교육을 시도하면서 노력과 열의로 온 정성을 쏟았던 버들어린이집 원장은 민수 어머니의 오해를 매우 안타까워했다.

당시 민수가 혼자 놀고 있었던 이유는 교사가 같은 반 장애친구 중 민수보다 몸이 더 불편한 친구를 돌보는 중이었다는 설명과 함께 민수 어머니가 알고 있는 것이 사실과 다르다고 사정을 설명했다.

"어린이집 선생님 모두 민수만큼만 발달하면 통합교육을 할 만하다고 이야기합니다. 우리 어린이집에서 민수만큼 통합교육 효과를 본 아동도 없어요. 또래 모방도 늘고 부적응행동도 좋아졌어요. 다른 장애아동은 현장학습 나갈 때 부모가 함께 따라가야 하지만 민수는 어머니께서 오실 필요가 없을 정도예요. 떼도 안 쓰고 친구들의 손을 꼭 붙잡고 어디든 잘 다녀요. 올 초만 해도 어둡고 낯선 극장은 무섭다고 못 들어갔는데, 이제는 잘 참고 뮤지컬도 보고 연극도 봐요."

어린이집에서는 민수의 치료기관 변경을 적극 반대하고 나섰다. 나를 비롯하여 다른 치료사는 물론 안동현 교수의 의견도 이와 다르지 않았다.

나는 모든 자폐스펙트럼 장애아동에게 통합교육을 권하지 않는다. 장애 정도가 중증인 자폐스펙트럼 장애아동에게는 통합교육보다는 분리교육을 권한다. 또한 중증의 자폐스펙트럼 장애아동에게는 조기교실에서의 치료가 더 큰 도움이 되는 것도 사실이다. 그러나 30년간 쌓은 전문적인 지식과 경험에 비추어 볼 때 민수에게는 조기교실 치료가 맞는 방법이 아니라는 확신이 들었다. 민수의 장애가 좀 더 심했거나 혹은 치료 초기였다면 고려해 볼 수도 있었지만, 민수는 지난 2년간의 통합교육과 치료를 통해 꾸준히 발달해 온 상태였다. 조기교실이든 통합교육이든 자폐스펙트럼 장애치료의 궁극적인 목표는 아동의 지연된 발달을 촉진시켜 사회에 적응할 수 있도록 하는 것이다. 민수는 이미 치료를 통해 인지 기능과 사회성이 발달하여 세상에 대한 호기심을 충분히 갖기 시작했다. 지금 조기교실 프로그램으로 바꾸는 것은 그 동안의 발전을 부정하는 것과 같았다.

안동현 교수와 나는 민수 어머니에게 어린이집에서의 상황을 설명하며 조기교실 프로그램의 과정과 현재 민수의 상태를 이해시키고 설득하려 했지만 상처받은 민수 어머니는 들으려고 하지 않았다. 당시 민수 어머니는 내가 알던 사람이 아닌 듯 보였다. 언제나 민수에 대해 합리적이고 이성적으로 선택하고 작은 것 하나라도 치료사와 회의를 거쳐서 결정하는 신중한 사람이었는데 하루아침에 모든 것이 달라져 있었다. 한국 생활에 대한 불안과 걱정을 한 번에 모두 쏟아내듯이 민수 어머니는 지금까지의 교육방법 전부를 부정하고 있었다.

아무리 몸에 좋은 약도 스스로 먹지 않으면 효과를 볼 수 없다. 어떤 설명이나 설득도 들으려고 하지 않는 민수 어머니를 보며 나도 조금씩 마음을 내려놓고 있었다. 만남에는 헤어짐이 있고 민수와의 인연은 여기까지인 모양이라며 조금씩 마음을 정리하려고 할 때, 나를 포함한 전문가들은 물론 민수 어머니의 마음까지 다시 잡아준 사람은 바로 손준규 사장이었다.

민수 어머니가 중국에서도 아버지처럼 믿고 따랐던 손 사장은 한국에 홀로 나와 있던 민수 어머니에게 한국과 중국을 오가며 큰 힘이 되어 주었다.

"선택은 말이야, 하나를 취하는 게 아니라 하나를 버리는 거야. 조기교실도 통합교육도 모두 민수에게 도움이 될 거야. 하지만 거기에서 무엇을 버릴지는 네 선택이야."

손 사장의 말에 비로소 민수 어머니는 고집을 꺾었다. 민수 어머니는 자신의 상처받은 감정과 서운한 마음보다 더 중요한 것이 아이의 미래라는 것을 다시 한 번 깨달았다.

손 사장의 말을 통해 치료사들 역시 보호자가 느껴야 하는 선택의 무게를 다시금 깨닫게 되었다. 보호자는 수많은 고민과 갈등 속에서 아이에게 최선의 발달을 가져올 것이라 믿고 치료기관을 선택하며 의지한다. 이번 일을 통해 보호자와 치료기관, 양측이 함께 쌓아 올려야 할 신뢰의 깊이를 새삼 깨달을 수 있었다.

'비 온 뒤에 땅이 더 굳어진다'는 이야기는 괜한 말이 아니었다. 민수 어머니는 물론 전문가 모두 민수의 '조기교실로의 이전 시도'에 안타깝고 서운한 감정이 없지는 않았지만, 이를 통해 얻은 것이 더 많았다. 아동 교육에 대한 보호자의 기대가 불안이 될 때, 각 영역의 교육전문가들이 함께 진행하는 통합교육 목표와 어린이집과의 소통 및 다른 가족의 지지가 아동의 치료과정에 중요한 전환점이 된다는 사실이었다.

### 전문가 코너 ⑭
## 치료기관 선정

자폐스펙트럼 장애에 대한 연구는 아직도 지속하고 있기 때문에 치료방법 역시 치료 효과가 이미 입증된 것도 있고 효과가 차츰 검증되고 있는 것까지 매우 다양하다. 그래서 내 아이에게 필요한 치료방법을 선택하는 것은 보호자에게 쉽지 않은 일이다. 자녀의 나이와 상태에 맞춰 전문가와의 상담을 통해 치료방법을 결정해야 한다. 이처럼 아이의 발달에 지대한 영향을 미치는 '치료기관'을 선정하기 전에 보호자가 알아야 할 것들이 몇 가지 있다.

첫째, 기적적인 치료 효과가 있다고 광고하는 곳은 피한다. 자폐스펙트럼 장애는 단시간에 완치할 수 없다는 것을 먼저 인정하고, 적절한 교육과 개입을 통해 지체된 발달을 이끌어내는 기관을 선정한다.

둘째, 전문적인 지식을 갖고 오랜 경험을 통해 자폐스펙트럼 장애아동을 치료하는 곳인지 살핀다. 발달장애는 지금도 다양한 치료방법이 계속 나오고 있으므로 다양한 임상적 경험을 통해 아이에게 적절한 치료를 하는 곳인지 확인하는 것이 좋다.

셋째, 경제적 비용의 문제다. 자폐스펙트럼 장애 치료는 장기 레이스여서 언제까지 치료를 받아야 하는지 장담할 수 없다. 아무리 좋은 치료라도 꾸준히 치료를 받지 않으면 좋은 효과를 얻지 못하므로, 제한된 비용 안에서 최대의 효과를 얻을 수 있는 치료기관이나 치료방법을 모색한다.

마지막으로 치료기관과의 거리도 중요하다. 이동 거리가 먼 경우 보호자나 아동이 쉽게 지칠 수 있고 이동 시간에 체력 소비가 많은 경우 제대로 된 치료 효과를 얻을 수 없다.

## 정서를 표현하고 인식하다

 민수 어머니가 조기교실로 치료기관을 변경하느냐 마느냐에 대한 고민을 하고 있을 때 나를 포함한 모든 치료사가 민수에게 필요한 교육은 '통합교육'이라고 강력히 설득할 수 있었던 이유는 다양한 영역에서 빠른 발전을 보이고 있던 민수 때문이었다.
 당시 민수는 놀이치료 시간에 재미있는 장난감이 있으면 스스로 먼저 치료사에게 보여주며 자신의 관심사를 공유하려고 했다. 관심을 보이지 않던 장난감도 치료사가 권하면 몇 분간은 집중해서 치료사와 함께 놀이를 진행했고, 제지를 받으면 순서와 규칙을 지키려고 했다. 여기서 더 나아가 간단하지만 승패를 나누는 보드게임도 할 수 있게 되었다.
 일반인이라면 누구나 손쉽게 할 수 있는 보드게임이지만, 보드게임을 하기 위해서는 승패의 규칙을 이해하고 차례를 지켜서 진행해야 하는 규칙을 알아야 한다. 꾸준한 치료를 통해 민수는 자신의 차례와 치료사의 차례를 기다리게 되었고 승패의 기준을 이해하게 되었다. 치료실에서의 놀이는 어린이집의 통합상황에도 적용되었다. 어린이집의 친구들은 이제 민수가 무언가 의사를 표현하고 함께 놀이를 할 수 있는 친구라고 생각하게 되었고 가끔 먼저 놀이를 제안하기도 하였다.

놀이기술이 발달하면서 정서에 대한 표현도 증가하기 시작했다. 놀라움과 무서움, 슬픔과 화남에 대한 구분이 가능해지고 자발적으로 놀이영역 안에서 정서를 표현하게 된 것이다.

예를 들어 민수는 "어~어~"라고 말하며 놀란 표정을 짓고 "지하주차장 무서워"를 말하면서 몸을 떠는 행동을 같이 했으며, "좋아"라는 말과 함께 웃기도 했다. 자발적으로 자신의 정서를 표현하고, 타인의 정서도 인식하기 시작한 것이다. 나는 민수가 자신의 정서를 표현하는 것에 그치지 않고 더 나아가 친구들의 마음도 읽게 되길 바랐다.

언어치료 시간에도 민수의 정서 표현은 정서와 관련된 어휘를 이해하고 표현하는 것으로 이어졌다. 2010년 10월부터 단순히 두 단어의 조합 모방을 넘어 문장으로 자신의 의사를 표현하려는 시도가 민수에게 꾸준히 관찰되었다. 당시 민수가 가장 자주 쓰는 동사는 '때리다'였는데 어린이집 친구들과의 관계를 나타내는 표현인 듯했다.

"어린이집에서 친구들이랑 뭐 했어?"

언어치료사가 물으면 민수는 항상 "하하 때렸어" "정아 때렸어" "하하 울어" "이정 아야(아프다)"라는 식으로 어린이집에서 있었던 이야기를 비슷한 대답으로 말하였다. 아마도 친구들에게 관심이 많아진 민수가 친구에게 관심을 표현하는 부적절한 방법을 설명하는 듯했다. 두세 낱말을 조합하는 것이 가능해지자 더 구체적으로 이야기를 하기 시작했다. 예를 들어 "성현 택시 타" "하하 발 아야" 등의 표현으로, 성현이가 택시 타고 집에 돌아갔거나 하민이가 발을 다쳤다는 내용을 설명할 수 있게 되었다.

말하고 싶고 설명하고 싶어 하는 민수의 욕구가 커지자 발음도 정확해졌고 소유개념도 확실해졌다. 이 무렵 어린이집에서 민수는 자신의 장난감을 갖고 노는 친구를 밀치기보다 "민수꺼"라고 말하며 장난감을 가져오는 행동 변화를 보이기도 하였다.

이 시기 민수가 자동차만큼 좋아하던 놀이가 바로 엘리베이터 놀이로 자동차를 지하 주차장에서 타게 된 경험으로 시작된 것이었다. 민수는 엘리베이터 문이 닫히는 것을 자신의 양손을 가운데로 모으는 모습으로 흉내내며 "이이잉 지하 1층" "이이잉 지하 2층"이라고 말하며 신나게 놀았다. 학습치료사가 "선생님 차는 지하 1층에 있어. 지하 1층 눌러주세요"라고 부탁하면 "이이잉 지하1층"이라고 말하며 문을 열어주고, 치료사가 들고 있는 인형이 장난감 차를 타는 모습을 보면서 함박웃음을 터뜨리며 좋아했다. 학습치료사는 엘리베이터 놀이 등을 통해 단순히 정서적인 부분만을 교육하지 않았다. 민수가 관심을 두고 좋아하는 만큼 학습적인 관심을 반영한 교육도 시도하였다.

민수가 숫자에 대한 호기심을 느끼고 기계적인 숫자 세기가 1에서부터 6까지 가능해지면서 치료시간에 엘리베이터 층수의 범위를 지하 6층부터 지상 5층까지 늘렸다.

"어애이(선생님) 어어어(어려워) 이어(싫어)."

늘어난 층수에 어떻게 해야 할지 몰라 당황한 민수는 눈을 휘둥그레 크게 뜨고 어려워서 못하겠다며 버텼다. 그러나 학습치료사가 할 수 있다고 격려해주자 치료사의 말을 따라 하기 시작했다. 양손으로 엘리베이터 문을 여는 행동을 하면 "이잉" 하고 엘리베이터 문이 열리는 소리를 내며 크게 외쳤다.

"이잉 1층! 이잉 지하 5층!"

마음속 두려움을 이겨내고 용기를 내듯 민수는 고함에 가깝게 크게 외쳤다.

"어이쿠 시끄러워. 그렇게 크게 이야기하면 싫어요!"

치료사가 귀를 막고 찡그리면 민수는 더욱더 신이 났다.

"이잉 5층!" "이잉 4층!"

엘리베이터를 타고 놀며 수의 개념도 조금씩 확장되자 글자와 숫자도 민수에게 재미있는 놀잇감 중 하나가 되었다.

민수가 노래를 부를 때 음표에 쓰여 있는 글자와 자신이 부르는 노래의 상관성을 이해하게 된 것도 이 시기였다. 글자는 모르지만 악보의 글자를 하나씩 손가락으로 짚고 음악치료사의 노래를 따라 하며 즐거워했고, 악기의 색깔과 모양을 도형과 연관시켜 트라이앵글을 보면 "세모", 탬버린은 "동그라미", 실로폰은 "네모"라고 외쳤다. 치료사가 칭찬해주면 민수는 교육시간 내내 열정적으로 반응했다. 치료사는 민수를 위해 학습시간에 배우는 과제를 반영하여 '노래로 지시하는 색깔 악기 연주하기' '노래로 지시하는 악기의 도형 대답하기' '리듬연주를 모방하여 연주하기' 등의 인지적인 접근도 진행했다. 또한 소근육 발달을 위해 오른손 손가락을 사용해 피아노 건반연주를 하도록 유도하여 '도레미파솔라시도' 음계 올라가기와 내려가기를 시도했고 검지손가락으로 피아노를 치면서 함께 노래하기를 시도하였다.

언어치료 시간에도 짧은 이야기와 그림이 그려진 책을 보면서 민수가 글자를 짚으면 치료사가 자동으로 말해주는 게임 아닌 게임을 하였다. 민수는 자신이 명령하면 치료사가 움직이는 것으로 생각하고 재미있어 했다. 처음에는 띄엄띄엄 한 장에 글자 1~2개를 짚었지만 나중에는 제법 많은 글자를 짚으면서 자신이 아는 이름이나 어휘로 말잇기도 가능해졌다. 글자 '하'를 짚어서 말해주면 "하민이", '이'를 짚어서 말해주면 자신의 이를 만지면서 "이빠"라고 말하며 웃었다. 이 시기의 민수는 '나는 이 치료가 좋아요. 더 재미있어요'라고 온몸으로 말하는 것처럼 놀라운 발전을 보였다. 민수 스스로 자신에게 통합치료 방법이 더 적절한 교육 방법이라는 것을 보여준 셈이다.

모방에서 벗어나지 못할 것 같아 불안해했던 어머니의 마음을 씻어주듯이 발전하는 민수를 보면서 우리도 스스로를 뒤돌아보았다. 우리는 과연 생활의 일부처럼 만나는 장애아동에게 필요한 치료와 관심을 쏟고 있는지, 한 아이의 삶의 질을 향상시키기 위해서 온힘을 다하고 있는지 다시금 반성하게 되었다.

# 사회성을 기르는 역통합수업

"민수야, 이제 '정수야, 네모를 그려줘' 하고 말해야지."

역통합수업의 첫째날, 민수가 정수에게 지시할 차례가 되자 민수는 어쩔 줄 몰라 했다. 당황하여 치료사하고도 정수하고도 눈을 맞추지 못한 민수는 속삭이듯 겨우 치료사의 말을 따라 하는 게 고작이었다.

"정수야, 네모를 그려줘."

치료사가 정수와 눈을 맞추고 큰 소리로 이야기하라고 격려해도 민수에게는 변화가 없었다. 일방적으로 내려지는 지시를 수용하기만 했던 민수는 자신이 다른 사람에게 도움을 청하고 지시를 내리는 것이 영 어색한 모양이었다. 그래서 언어치료사는 역통합수업의 목적에 맞게 민수가 아니라 정수에게 도움을 청했다.

"정수야, 민수의 소리가 너무 작지? '큰 소리로 말해줘'라고 부탁해줄래?"

자폐스펙트럼 장애 형을 두어선지 정수는 민수의 반응을 잘 참고 기다려주었다.

"민수야, 큰 소리로 말해줘."

정수가 3~4번 반복하여 민수에게 요청했지만 민수의 목소리는 좀처럼 달라지지 않았다.

민수처럼 발달이 늦은 아이는 온종일 어른들 틈에서 자란다. 부모는 물론이고 치료사 역시 모든 수단과 방법을 동원하여 늦어진 발달의 속도를 높이려고 노력한다. 이렇다 보니 언제나 지시를 받는 것이 아이의 일상이 되어 버린다. 눈을 맞추지 않는 아이에게 "민수야, 눈!"이라고 지시하며 눈맞춤을 강요하고, 먹고 싶지 않은 음식도 "이건 꼭 먹어야 해!"라며 억지로 먹인다. 아이는 어른의 제시와 지시를 통해 사고력과 인지기능을 키워나가지만, 이런 환경이 오래되면 수동적인 성향을 갖기 쉽다. 자신이 필요한 것을 스스로 요구하지 못하고 다른 사람의 제안을 거부하는 것도 어려워한다. 어른과의 시간을 통해 사고력과 인지기능을 높일 수는 있지만 대신 또래와의 사회성은 그 속도를 따라가지 못하는 것이다.

2010년 11월, 민수가 비약적으로 발달하면서 민수의 사회성을 발달시키기 위한 역통합수업이 꼭 필요하게 된 시기가 오자 민수는 한 살 어린 정수와 언어-심리 역통합수업을 진행하였다. 정수처럼 장애 형제가 있을 경우 다른 자녀는 우울증과 수동적 공격성, 낮은 자존감과 같은 문제를 갖는 경우가 많다. 또한 장애 형제에게 쏠리는 부모의 관심 때문에 자랄 때 또래보다 박탈감과 부담감을 더 많이 느끼게 되어 어린 시절부터 독립적이고 책임감을 강하게 갖는다. 형제 때문에 고생하는 부모를 보면서 또래보다 빨리 자라기도 한다. 이처럼 정수 역시 또래보다 소극적이고 위축된 아이였다.

역통합수업을 통해 민수는 또래 친구와 대화하고 놀이하는 방법을 익히고, 정수는 민수와 함께 놀며 '칭찬받는 경험' '다른 사람을 돕는 경험'을 함으로써 자신감을 키우는 것이 목표였다.

민수가 어린이집에서 친구에 대한 호감을 부적절한 방법으로 표현한다는 보고가 있었지만 치료실에서는 그 모습을 확인할 수가 없었다. 하지만 역통합수업이 시작되자마자 민수는 정수가 마음에 들었는지 정수의 의사도 고려하지 않고 덥석 세게 끌어안는 부적절한 행동을 보였다.

"민수야, 친구랑 책상에 앉아서 인사부터 해야지."

언어치료사가 제지했지만 민수는 정수를 놓지 않았다. 소극적인 정수는 돌발적인 민수의 행동에 당황했지만 어떤 저항도 하지 않았다.

"정수야, 민수한테 지금은 공부하는 시간이라고 가르쳐줄래?"

정수는 선생님의 부탁으로 민수에게 부탁을 했다. 선생님의 제지에는 꿈쩍 않던 민수는 정수의 말에 겨우 의자에 앉았다.

또래와 둘만 진행하는 수업에서 민수는 자신이 없어 보였다. 선생님의 지시에 겨우 정수와 눈을 맞추긴 했지만 수업에 적극 참여하지는 못하였다. 의자에 앉아 친구와 대화하는 시간에도 지겨운 듯이 산만하게 행동했고 정수는 그런 민수를 보며 참고

만 있었다.

누구에게나 지시를 받았기 때문인지 민수는 친구의 지시에는 막힘없이 행동을 수행했다. 도움을 요청하는 친구에게 다가가 도움을 주려고 노력했고 도형을 그려달라는 친구의 부탁에 성심성의껏 도형을 그려주었다. 그러나 반대의 입장이 됐을 때 민수는 정수에게 제대로 지시하지 못했다. 언제나 수동적으로 다른 사람의 지시를 받으며 지내왔기에 자발적으로 다른 사람에게 지시하는 것을 낯설고 어려워했다. '지시하기'는 민수가 극복해야 할 또 다른 목표 중 하나가 되었다.

언어치료 시간과 달리 자유놀이 시간에는 정수와 민수의 입장이 반대가 되었다. 놀이 시간이 되자 민수는 정수와 놀고 싶어 하는 모습이 역력했다. 그러나 정수는 민수와 놀고 싶어 하지 않았다. 아무래도 자신과 함께 놀기에는 민수가 부족한 상대라고 생각하는 것 같았다. 그렇지만 민수는 정수가 초대하지 않아도 정수의 놀이에 참여하면서 또래와 함께하고 싶은 마음을 표시했다. 자신이 좋아하는 장난감도 정수에게 양보하면서 정수의 반응을 참고 기다리기도 하였다.

역통합수업 기간 내내 민수는 정수에 대해 이야기하는 것을 좋아했다. 다른 치료시간에도 정수의 이름이 불쑥불쑥 튀어나왔고 정수와 함께 갖고 놀았던 장난감을 들고 정수의 이름을 불렀다. 자신에게는 관심도 없고 잘 놀아주지도 않는 정수였지만 민수는 항상 역통합수업을 기다렸다. 4~5차례 역통합수업이 진행되면서부터 민수는 부적절한 행동을 하지 않고 차분히 정수와 눈을 맞추며 "같이 놀자"라고 먼저 말하기도 했다. 이 모습을 보면서 민수가 얼마나 또래 친구를 좋아하고 함께 놀고 싶어 하는지 우리 모두 알게 되었고 민수에게 가장 필요한 치료가 무엇인지 다시금 생각하는 계기가 되었다.

아직도 친구에게 관심을 표시할 때 '끌어안기' '때리기' 등의 부적절한 방법을 사용하고 있긴 했지만 역통합수업을 통해 민수는 또래와의 눈맞춤과 지시하기, 친구의 이름을 부르면서 인사하기 등이 자연스러워졌다. 이 역통합수업으로 우리는 깨달은 것이 있다. 또래 친구에 대한 관심을 바탕으로 민수의 사회성 발달을 이끌어 내는 것이 치료사에게 남겨진 또다른 숙제라는 점이었다.

### 전문가 코너 ⑮
## 역통합수업

'역통합수업'이란 장애아동이 일반아동 속에 섞여서 수업을 받는 통합교육의 반대 개념이다. 즉 장애아동의 수업에 일반아동이 섞여서 수업하는, 일종의 체험학습과 같다. 역통합수업은 장애아동과 일반아동 모두의 사회성 발달을 위한 효과적인 치료법 중 하나이다. 장애아동의 경우, 역통합수업을 통해 또래의 일반아동과 함께 치료실에서 선생님의 지시를 받으면서 놀이 기술과 대화 기술을 발전시키고 타인의 정서에 대한 적절한 반응을 익힐 수 있다.

역통합수업에 함께 참여하는 일반아동의 경우, 말과 행동이 느리고 더딘 또래의 장애아동을 참고 기다려주는 인내심이 필요하다. 그러나 아직 열 살도 채 되지 않은 아이들에게 이런 인내심을 기대하는 것은 쉽지 않다. 하지만 역통합수업은 장애아동의 치료를 도와주는 역할을 넘어서 일반아동에게도 도움이 되는 시간이 되어야 한다.

역통합수업이 어려운 이유는 무엇보다도 장애에 관해 왜곡된 시각을 가지고 있는 일반아동의 보호자가 자녀들의 참여를 꺼리기 때문이다. 보호자들의 걱정과 달리 실제로 역통합수업은 선생님들의 지시와 도움으로 이루어지기 때문에 안전하게 진행된다.

역통합수업은 일반아동에게도 장애아동의 통합교육과 같은 교육적 효과를 기대할 수 있을 뿐 아니라 개별적으로 진행되는 치료이기 때문에 소극적이고 낮은 자존감을 가진 일반아동은 자신보다 발달이 늦은 아이와 함께 놀며 자존감을 높이는 기회가 될 수 있다.

## 내 이름은 이!민!수!

"하하 어어 갔어."

치료시간에 민수가 가장 좋아하는 놀이는 '회상'이 되었다. 민수는 자신이 한정적인 어휘로 어린이집 일과를 이야기하면, 언어치료사가 정확한 문장으로 만들어 다시 들려주는 것을 좋아했다. 이런 과정을 민수는 신기하고 놀라운 일로 받아들였다.

"하하 차 타고 갔어."

"하하 차 타고 갔어."

민수는 치료사가 만들어 준 문장을 따라서 말하고는 즐거운 듯 소리 내어 웃었다.

"하하 차 타고 어디 갔어?"

치료사의 물음에 민수는 신이 나서 대답했다.

"하하, 아야."

"하하, 아파서 병원 갔구나."

민수는 치료사의 말을 열심히 따라 했다.

"하하 아파 병원 갔어."

민수를 치료하면서 가장 힘들었던 부분이자 민수에게 가장 많은 시간과 비용을 투자한 영역이 '언어치료'였다. 놀이치료나 음악치료 영역에서는 꾸준히 발전하고 있었지만 꾸준한 치료에도 언어는 좀처럼 발달하지 못하고 정체되는 기간이 길었다.

다른 치료와는 달리 민수의 언어치료에는 여러 차례 고비가 있었다. 개인적인 사정으로 중간에 치료사가 변경되었는데, 목표는 같아도 치료사마다 접근 방법이 다를 수 있기 때문에 민수는 잠시 언어치료의 정체기를 맞기도 했다. 무엇보다도 민수의 언어치료가 어려웠던 점은 중국어 소리와 한국어 소리가 혼합되어 머릿속에 존재하는 민수에게 한국어의 정확한 발음을 가르치기 어렵다는 것이었다. 아무리 반복해서 가르치고 또 가르쳐도 일부 자음과 모음의 소리를 정확하게 내지 못하는 민수 때문에 언어치료사는 스스로 중국어를 배워 민수가 왜 정확한 발음을 내지 못하는지 알아볼 정도로 해결책을 찾기 위해 적극 노력하였다.

다행히 민수는 쉽게 지치지 않았다. 정체기가 계속되면 치료사도 보호자도 지치기 마련이다. 조급한 마음에, 이 정도면 충분히 할 수 있다는 생각으로 아이를 더 강하게 압박하기도 한다. 혹은 자신도 모르는 사이에 한숨을 쉬거나 푸념하는 등으로 아이에게 부정적인 반응을 보인다. 타인의 정서에 무감각한 자폐스펙트럼장애아동이지만 어떤 순간에는 민감한 반응을 보일 때가 있다. 일반아동이 다른 사람의 칭찬에 기뻐하고 다른 사람의 체념에 우울해하는 것처럼 자폐스펙트럼 장애아동도 마찬가지다. 그렇지만 치료사와 민수 어머니가 우울한 모습을 보이는 언어치료 시간에도 민수는 치료를 거부하지 않았다. 반복훈련이 거듭되어 힘들고 어려웠을 텐데도 치료시간마다 선뜻 치료사의 손을 잡고 치료실로 향했다. 그 모습을 보니 민수가 꼭 '열심히 할게요. 나를 포기하지 마세요!'라고 치료사들에게 이야기하는 것 같았다. 그런 민수의 밝은 얼굴 때문에 언어치료사는 중국어 수업까지 들으며 민수를 위해 최선을 다한 것이다.

내가 30년 동안 자폐스펙트럼 장애를 치료하면서 깨달은 삶의 지혜 중 하나가 '모든 일에는 때가 있다'는 것이다. 민수는 어느 날 마치 기다렸다는 듯이 말문을 열기 시작했다. 친구에 대한 관심과 새로운 것에 대한 호기심이 민수의 입을 연 것이다.

민수의 말문을 연 것은 '안녕'이라는 두 음절이었다. 친구들에게 관심을 갖게 된 민수는 거리에서 친구들을 만나면 온몸으로 반갑게 인사를 건넸다. 하지만 멀어져가는 친구들을 불러 세우기 위해서는 몸짓만으로 부족하다는 것을 알았다. 언어치료사는 친구에 대한 민수의 관심을 반영하여 손을 흔들며 '안녕'이라고 인사하는 법을 가르쳤다. 이후 민수는 어린이집 친구를 만나면 언제 어디서나 손을 흔들며 "안녕"이라고 인사를 건넸다. 민수의 인사에 친구도 손을 흔들고 인사를 건넸고, 이런 친구와의 긍정적인 상호반응은 민수의 언어발달에 기폭제가 되었다.

"민수야, 오늘 어린이집에서 친구들하고 뭐하고 놀았어?"

2010년 6월부터 언어치료사는 매 치료시간마다 "민수야 어린이집 다녀왔니?" "오늘 뭐 먹었어?" "누구랑 놀았어?"의 세 가지 질문으로 회상하기 훈련을 시작하고 있었다. 그동안은 매일의 일상에 대해 치료사가 물으면 억지로 대답만 하던 민수가 갑자기 격한 행동을 함께하며 일상의 변화를 표현했다.

"하하, 앙~"

"그게 뭐야?"

민수는 치료사의 질문에 더 크게 대답하며 다시 팔을 이로 무는 흉내를 냈다.

"하하가 민수 팔을 물었어요?"

치료사가 민수의 표현을 정확한 문장으로 만들어주자 민수의 눈이 휘둥그레졌다.

"하하 무러써."

민수는 치료사의 지시 없이도 치료사의 말을 따라하면서 자신의 말이 정확한 문장으로 만들어지는 과정을 더욱 좋아하게 되었다. 그때부터 회상하기 시간에는 민수가 먼저 치료사와 눈을 맞추고, 묻지 않았는데도 스스로 친구와의 일상을 단순한 표현으로 전하기 시작했다. 어떤 날은 '하하'를 말하고 머리 잡아당기는 흉내를 낸 후 치료사가 말로 바꿔주길 기다렸다.

"하하가 민수 머리를 잡아당겼어요?"

"하하 당겨써."

치료사의 말을 있는 힘껏 따라하며 민수의 어휘력과 표현력은 하루가 다르게 늘기 시작했다. 정확한 문장으로 말하고 의사소통하는데 재미가 붙은 민수는 언어치료 시간이 아니더라도 언어치료사만 만나면 조르르 달려가 어린이집 일과를 읊어댔다. 공자가 노력하는 사람은 즐기는 사람을 이길 수 없다고 이야기했듯이, 자발적으로 이야기하는 것을 즐기기 시작한 민수의 언어는 하루가 다르게 발달하였다. 민수는 언어를 조합해서 표현하는 능력 또한 일취월장하기 시작했고, 어려워하던 3음절 이상의 단어도 자발적으로 말하기 시작했다.

말로 표현하는 것이 늘면서 한글에 관심을 보이기 시작한 것도 2010년 11월쯤이었다. 이때의 민수는 부쩍 자기 이름에 대한 호기심을 드러냈다.

어느 날, 언어치료가 끝난 후 민수가 원장실을 찾았다. 처음에는 원장실에서 검사를 받고 상담을 진행하기 때문에 아이들은 치료실보다 원장실에서 놀기를 원하는 경우가 많다. 그러나 치료사와 애착 관계가 형성되면 더 이상 원장실을 찾지 않고 치료사와 치료를 진행한다. 민수도 그랬다. 치료사에게는 눈도 잘 맞추고 인사도 잘했지만 나에게는 데면데면하게 굴어서 서운할 때가 있었다. 그런 민수가 갑작스레 원장실을 방문하자 나도 반가움에 인사를 건넸다.

"민수야 안녕!"

그러나 나의 인사에는 반응도 하지 않은 채 민수는 보물이라도 되는 듯 소중히 안고 있는 노트를 내 앞에 펼쳤다. 그 노트 안에는 민수의 이름이 적혀 있었고 친구들 이름도 적혀 있었다. 민수는 그 글자를 하나하나 짚으며 나에게 읽어 달라고 부탁하는 듯이 보였다.

"이, 민, 수."

민수의 이름을 소리 내서 읽어주자 민수는 그 글자를 다시 짚으며 '이, 민, 수' 자신의 이름을 소리 내서 읽었다. 읽었다기보다 따라 한 것에 가까웠지만, 소리가 문자로 바뀌는 과정을 알기라도 하는 듯이 즐겁게 따라 하는 모습이 기특하였다.

"민수야, '선생님' 써 줄까?"

내 말을 알아들었는지 민수는 노트를 내 앞으로 밀었다.

'선, 생, 님'

나는 민수에게 '선생님'이라는 세 자를 써 주고 글자를 짚으며 한자 한자 읽어주었다.

"선, 생, 님"

민수는 나의 행동과 말을 따라 하며 즐거운 듯 배시시 웃었다. 그러고는 곧 다른 선생님들에게 자랑하고 싶은 듯 노트를 들고 원장실을 휭하니 나가버렸다. 문 앞에서 민수 어머니가 물끄러미 그 모습을 바라보고 있었다.

"민수에게 한글 공부를 시켜야 할 것 같네요."

내 말에 민수 어머니는 펑펑 눈물을 쏟기 시작했다. 나는 민수 어머니에게 다가가 어깨를 감쌌다.

"이제 거의 다 왔어요. 민수 어머니도 수고 많았어요."

민수 어머니가 말하지 않아도 나는 그 눈물의 의미를 잘 알고 있었다.

민수 어머니는 처음 한국에 올 때 1년만 치료를 받으면 여느 일반아이처럼 민수가 완치될 것이라고 기대하고 있었다. 그러나

1년의 세월을 고스란히 치료에 바쳤지만 민수 어머니가 원하는 만큼 민수는 발전하지 못했다. 어머니의 욕심이 현실보다 크고 무거웠기 때문이다. 그리고 다시 말문이 열리길 기다리며 1년을 보냈다. 기다림의 시간이 길어질수록 두려움이 커졌고 완치에 대한 희망도 멀어졌다. 그러나 그 희망을 다시 일으켜 세운 것은 치료사도 손 사장도 안동현 교수도 아니었다. 바로 민수 스스로 자신의 발전을 뽐내며 어머니에게 힘을 실어준 것이다. 어머니는 그런 민수에 대한 대견함과 지난 세월의 고단함을 눈물에 담아 씻어내고 있었다.

　민수 어머니는 또다시 1년, 초등학교에 들어가기 전 학습의 기초를 세우기 위한 시간을 연구원과 함께 하기로 결정했다. 사람들은 장애아동을 교육하는 치료사들이 다른 직업의 사람보다 어렵고 힘든 일을 하고 있다고 생각한다. 물론 열 번을 가르쳐도 한 번을 제대로 하지 못하는 아이들을 보며 좌절감을 느낄 때도 있고 아이의 발전을 기다리지 못하고 치료에 대해 신뢰를 거둬가는 보호자를 보며 실망감을 느끼는 경우도 있다. 그러나 치료사는 아이를 가르치는 것이 아니라 장애아동과 그 보호자의 믿음에 보답하는 사람이다. 민수처럼 어느새 부쩍 자라난 아이를 보며 우리는 말로는 설명할 수 없는 성취감을 얻는다. 통합전문가 회의에서는 앞으로 1년, 민수에게 도약의 시간이 될 수 있도록 민수의 기초학습 능력을 키우고 일반화하는 것에 강조점을 두기로 하였다.

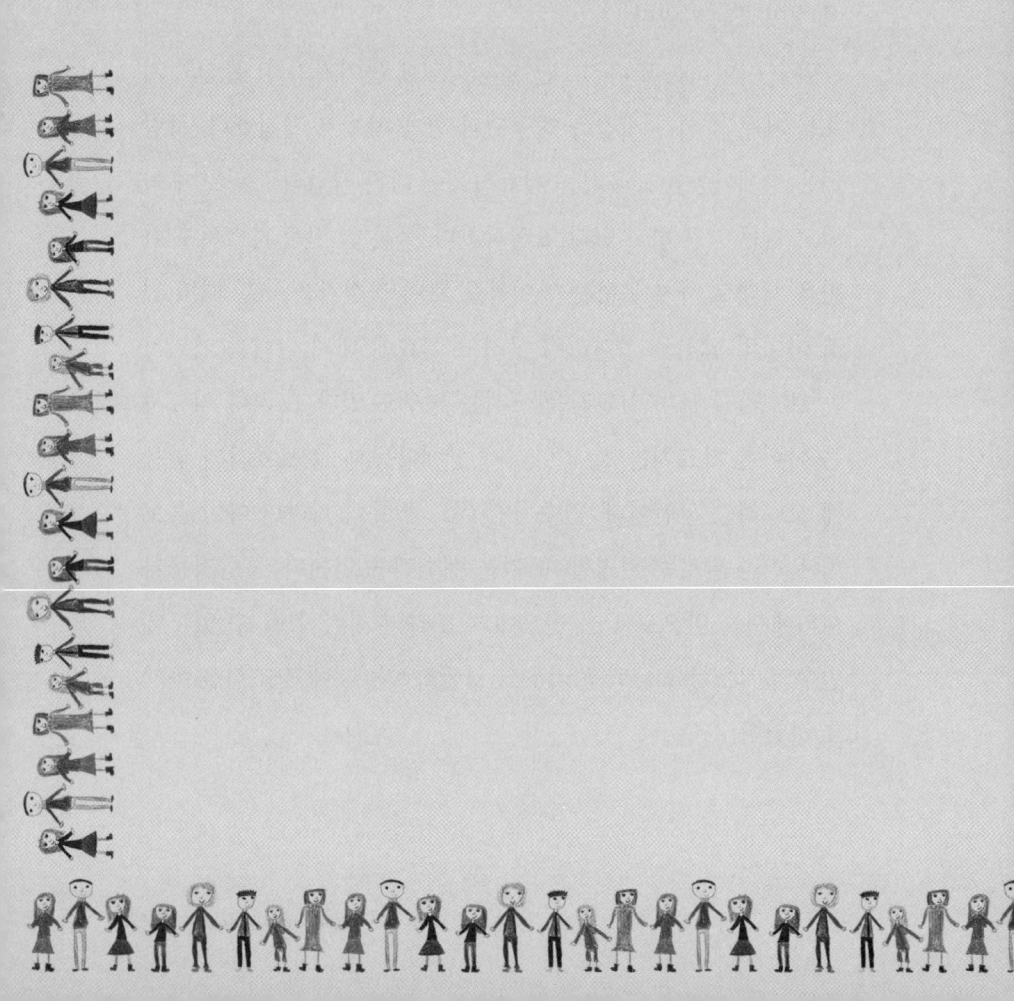

# 4

## 더 큰 세상으로
## 나아가기 위한 한 걸음!

# 자폐스펙트럼 장애아동의 부모로 산다는 것

한 달 동안 중국에서 방학을 보낸 후 민수가 다시 연구원을 찾은 날이었다. 방학 동안 힘들고 어려운 치료도 받지 않고 마음껏 놀다 왔을 텐데, 치료실에 들어오는 민수의 모습이 심상치 않았다. 자발적으로 털어놓았던 말들도 사라지고 의미 없는 멜로디만 반복하며 산만한 모습을 보였다. 놀이치료 시간에 혼자 놀려고만 하고 '집놀이'를 할 때도 가구를 모두 뒤집어 놓는 것으로 봐서는 우리 모두 민수가 적잖이 스트레스를 받았다는 것을 알 수 있었다.

"어머니, 중국에서 무슨 일이 있었나요?"

민수의 태도가 심상치 않다는 보고를 받고 민수 어머니를 만났다. 민수 어머니는 긴 한숨과 함께 이야기를 털어놓았다.

"안동현 교수님이 집에서도 숫자와 글자를 가르치는 편이 좋겠다고 하셨어요. 치료시간 때처럼 가르치려고 했는데…… 효과는 하나도 없고 저랑 애랑 스트레스만 받았어요."

한국에 체류할 수 있는 기간이 1년밖에 남지 않은 상황에서 초등학교 입학 전에 민수가 한글과 숫자를 익힐 수 있을지 민수 어머니는 걱정이 많았다. 또한 앞으로 민수는 중국에서 계속 살아야 했기에 민수의 장래를 위해 중국계 학교를 보내야 할지, 민수가 익숙해하는 한국계 학교를 보내야 할지에 대한 고민도 깊어지고 있었다. 그 고민과 갈등의 무게가 민수 어머니의 작은 어깨에 놓여 있었다. 나는 그 무거운 어깨를 가만히 감싸주었다.

"잘 놀고 쉬라고 했더니, 괜히 공부시키느라 어머니도 민수도 고생했네요."

그녀의 두 눈에는 그 피로가 고스란히 담겨 있었다.

"선생님은 아무나 하는 것이 아닌가 봐요."

좋은 치료사가 되는 것도 어렵지만 장애아동의 보호자로 사는 것은 그보다 몇백 배는 더 어려운 일이다. 안동현 교수가 집에서도 민수의 학습을 권한 것처럼 자폐스펙트럼 장애아동에게 가장 좋은 치료사는 보호자다. 자폐스펙트럼 장애아동은 새로운 정보를 입력하는 것도, 그것을 활용하는 것도 어려워한다. 특히 높이나 크기와 같은 추상적인 개념을 이해하는 것도 자폐스펙트럼 장애아동에게는 어려운 일이다. 제한된 치료실에서 높고 낮음을 배웠다고 해도 그것을 실생활에서 적용하는 것은 또 다른 교육 과정이기 때문이다. 바로 이럴 때 보호자의 도움이 필요하다.

"민수야, 저기 아파트 보이지? 아파트는 높아. 저기 버들어린이집 보이지? 어린이집은 낮아."

자폐스펙트럼 장애치료는 치료실에서의 교육 내용을 치료사와 보호자가 상담을 통해 꾸준히 소통한 후 보호자가 생활 속에서도 교육 내용을 아이에게 계속해서 알려주어, 아이가 치료실에서 배운 다양한 정보를 실생활에서도 적용할 수 있도록 도와야 한다. 그러나 이 과정이 말처럼 쉬운 것은 아니다. 욕심과 기대가 끼어들고 바람과 희망이 더해지면 보호자는 아이에게 "안 돼!"를 입에 달고 사는 잔소리꾼이 된다. 그렇게 되면 보호자는 아이에게 하고 싶은 일을 하지 못하게 하는 방해꾼이자 질책만 할 뿐 칭찬에는 인색한 구두쇠로 인식되는 것이다. 매일 금지와 질책만 하는 보호자와 '학습'을 하고 싶어 하는 아이는 없다. 보호자와의 학습시간을 금지와 질책의 연장으로 받아들이기 때문이다.

그렇다고 보호자가 아이에게 언제나 너그러울 수도 없다. 개선되었다고 믿었던 아이의 문제행동이 다시 반복될 때 보호자에게 엄습하는 절망감과, 치료사와 있을 때와는 다른 모습을 자신에게 보이는 아이에 대한 야속함이 보호자에게서 '여유'를 빼앗는다. 아무리 부모교육과 상담시간에 열심히 참가하여 아이를 교육하는 법을 배우고 아이와 노는 법을 익힌다고 할지라도 '내 자식이기 때문에' 배우고 익힌 것을 온전히 실행하는 것이 어렵다.

민수 어머니는 좋은 치료사가 될 수 있을 만큼 장점이 많은 사람이었다. 성실하고 올곧은 성품을 지닌 민수 어머니는 늘 다른 사람을 배려하고 작은 도움이라도 받게 되면 감사히 여겼다. 또한 자신이나 민수가 다른 사람에게 피해를 줄까, 혹은 그것 때문에 민수에게 좋지 않은 영향을 미치지는 않을까 늘 전전긍긍했다. 그렇다 보니 민수를 소중히 여기고 사랑하며 모든 것을 바쳐 헌신하면서도 언제나 칭찬의 말보다 걱정하는 말, 염려하는 말을 먼저 하는 사람이 되었다. 민수가 잘하는 부분은 보이지 않고 언제나 부족한 면만 도드라져 보였다. 항상 모자라는 듯 보이는 아이가 눈에 밟혀서, 그 걱정스러운 마음이 행동에 나타나고 말에 묻어났다. 지금까지 모든 것을 희생했고 또 앞으로 더 큰 희생도 마다하지 않을 테지만, 그 마음을 몰라주는 민수 때문에 속상할 때도 많이 있었다.

여섯 살 먹은 사내아이가 '자동차와 기차'에 많은 관심을 두는 것은 당연하다. 일반아동일 경우 자동차를 좋아하는 아이로 단순히 생각하고 "앞으로 자동차 만드는 일을 하겠네!"라며 덕담을 건넨다. 그러나 민수처럼 장애가 있는 아이라면 상황은 달라진다. '자동차에 집착하는 아이'로 인식하고 그 장난감을 뺏으려고 한다. 이처럼 다른 아이에게는 충분히 있을 수 있는 일도 민수에게는 유달리 못난 일로 보일 때가 많다. 하루하루 아이와 힘든 실랑이를 벌이느라 별일 아닌 일로 아이에게 쉽게 화를 낸 후 그 죄책감 때문에 아이가 해서는 안 되는 일을 눈감아 주는 악순환이 계속된다. 악순환이 계속될수록 자녀와 보호자 사이에 갈등의 골은 깊어지고 보호자는 심한 우울증을 앓을 수도 있다.

그러나 이것만은 우리도 도와줄 수 없다. 할 수 있는 일이라고는 민수 어머니의 역할을 지지하며 그녀가 매일 마주하는 하루를 공감해 주는 것뿐이다. 사람은 누군가가 자신의 편에서 이야기를 들어주는 것만으로도 스트레스가 해소되고 상황을 객관적이고 중립적으로 보는 힘을 얻을 수 있다. 그러나 아무리 곁에서 지지와 성원을 보내는 사람이 많다고 하더라도 그 상황을 극복해야 하는 것은 보호자 자신의 몫이다.

"민수가 잘하는 것도 많잖아요. 이미 할 줄 아는 것이라도 잘하는 것은 무조건 칭찬해주세요."

육아 스트레스와 교육 스트레스로 힘들어하는 민수 어머니에게 나는 또다시 원론적인 이야기를 꺼냈다.

"괜히 민수가 못하는 걸로 씨름하지 말고 민수가 좋아하는 놀이부터 차근차근 해 나가요. 치료실에서도 다 그렇게 하는데, 왜 어머니는 민수가 어려워하는 것만 시키려고 해요?"

그녀의 어깨를 감싸 안으며 민수 어머니의 속상한 마음을 달래주고 민수와 함께하고 공감할 수 있는 방법을 다시 알려주었다.

'여유를 가지고 아이의 마음에 공감하는 것!'

첫 부모교육과 상담시간부터 민수 어머니가 익히 배웠던 내용이다. 그러나 아는 것과 실천하는 것은 다르다. 자폐스펙트럼 장애아동 치료는 장기 레이스, 아니 어쩌면 평생의 레이스가 될 수도 있다. 30년 동안 자폐스펙트럼 장애치료를 담당하며 나는 아이의 상태가 꾸준한 노력으로 상당한 진전을 보이다가도 보호자가 여유를 갖지 못하고 포기하여 아이의 발달이 퇴행하는 경우를 많이 지켜보았다.

우리는 앞으로 남은 1년을 민수에게는 한글을 깨치고 숫자를 익힐 수 있는 목표를 잡고, 민수 어머니에게는 중국으로 돌아간 후 다른 치료사의 도움 없이도 혼자서 민수를 키우며 버텨낼 수 있는 힘을 길러주어야겠다고 생각했다.

## 새로운 선생님 받아들이기

"민수야 안녕? 나는 학습 선생님이야."

민수가 처음 학습치료사를 만난 날이었다. 기특하게도 민수는 치료사와 스스로 눈을 맞추며 쳐다보았다.

"우리 다시 한 번 정식으로 인사해 볼까?"

학습치료사는 7세 아이의 배꼽인사법으로 손을 배에 모으고 고개를 숙이며 민수에게 다시 한 번 인사를 건넸다.

"안녕하세요."

민수도 치료사의 행동을 따라 하며 인사를 했다. 그러는 동안에도 시선을 피하지 않고 계속 치료사를 바라보았다. 예전에는 대충 얼버무리며 말했던 '안, 녕 ,하, 세, 요'라는 인사도 정확히 발음하려고 애쓰는 모습이 어느 때보다 귀여워 보였다. 1년 6개월 전만 해도 새로운 치료사를 만나면 있는 힘껏 거부하던 민수였는데, 어느새 새로운 치료사를 거부하지 않고 눈을 마주치며 인사를 건네고 있는 모습을 보였다. 통합전문가회의에서는 내년 민수의 초등학교 입학을 앞두고 민수에게 학습 치료시간을 추가했다. 또한 음악치료를 통해 자신감을 형성한 민수는 음악치료를 종결하고 미술치료를 받게 되었다.

민수는 연구원에서 만 3년 동안 다양한 치료를 받았는데, 오랫동안 치료를 받다 보면 담당 치료사가 종종 변경되기도 한다. 이번에 민수의 치료사가 변경된 이유는 민수의 새로운 발전을 위해 치료영역 변경이 결정되었기 때문이다.

"제가 잘 할 수 있을까요?"

민수의 치료사가 바뀔 때마다 모든 새 치료사가 긴장하여 나에게 묻곤 했다. 민수의 치료를 맡게 되면 시간과 노력이 다른 아이와 비교하여 더 많이 필요하였다. 통합전문가회의를 위해 보고서 작성도 해야 했고 민수의 어린이집 생활도 유심히 관찰해야 했다. 하지만 그보다 새로운 치료사를 고민하게 했던 점은 아이의 치료 중기에 개입해야 한다는 것이었다. 새로운 환경을 특히 낯설어하고 적응하는 것에 서툰 아이와 처음부터 새로운 관계를 맺는다는 것, 그리고 그 과정을 많은 사람과 공유한다는 것은 전문가로서 적잖은 부담이 된다.

민수의 치료를 오랫동안 맡았던 한 치료사는 민수가 치료를 마치고 중국으로 돌아가자 나에게 '감사하다'는 말을 전했다. 모든 사람이 주목하는 아이를 맡아 치료했던 성취감이 그 속에 고스란히 담겨 있었다. 각 치료 분야와의 협력을 통해 민수의 발달을 촉진할 수 있는 다양한 방법을 모색했던 경험은 통합전문가회의에 참여했던 전문가 모두에게도 스스로 자신의 능력을 확장할 수 있는 귀한 계기가 되었다. 우리는 내 영역만 생각하지 않고 다른 영역에서 관찰되는 아이의 반응을 통합전문가회의를 통해 서로 교류하며 '왜'와 '어떻게'를 함께 고민했기 때문에 더욱 아이에게 맞는 치료적 접근이 가능하였다. 이것이 통합전문가회의가 가져온 가장 큰 성과 중 하나였다.

● 2011년 민수가 그린 기차 그림, 또렷하게 기차를 그렸다.
미술치료사는 민수가 기차에 대해 말한 것을 써주었다

처음 민수의 치료사가 변경된 것은 민수가 연구원에서 치료교육을 받기 시작한 지 6개월이 되던 시점이었다. 당시 민수는 익숙한 중국을 떠나 낯선 서울과 낯선 연구원에서 새로운 치료에 적응하느라 어려움을 겪고 있었기에 새로운 놀이치료사를 받아들일 준비가 되어 있지 않았다. 더 이상의 변화는 받아들이지 않겠다는 듯 민수는 새로운 치료사를 놀이치료실에서 있는 힘껏 밀어냈었다. 그래서 당시만 해도 새 놀이치료사가 민수와 신뢰관계를 쌓고 치료를 진행하기까지 적잖은 시간이 필요했었다.

그런데 1년 6개월이 지나자, 민수는 전혀 새로운 아이가 되어 있었다. 낯선 학습치료사와도 눈을 맞추며 인사를 건넸고 자신을 둘러싼 환경의 변화를 능동적으로 받아들였다. 새로운 치료사의 손을 잡고 새로운 치료실로 들어가는 행동에도 어려움이 없었고 치료사의 지시에 따라 의자에 앉는 것도 거부하지 않았다.

"민수야, 이름 한번 써 볼래?"

치료사가 제안하자 민수는 주저 없이 자신의 이름을 써내려갔다. 마치 자신의 이름을 자랑이라도 하듯 민수는 자신의 이름이 적힌 공책을 들고 치료사의 칭찬을 바라는 눈빛이었다.

"우와, 민수는 한글을 잘 쓰는구나! 그럼 숫자도 한번 써볼까?"

치료사의 계속된 요구에도 민수는 막힘이 없었다.

'1, 2, 3, 4, 5……'

민수는 새로운 치료사에게 잘 보이고 싶은 듯 연필을 꼭 쥐고 숫자도 하나하나 정성껏 써내려갔다.

모니터실에서 민수의 모습을 지켜보다가 나는 시선을 돌려 민수 어머니를 바라보았다. 그녀는 소리 없이 눈물을 흘리고 있다가 나의 시선을 느꼈는지 서둘러 그 눈물을 닦았다.

"요즘은 주책없이 자꾸 눈물이 나와요. 처음에는 말도 못하고 글도 깨우치지 못하는 게 아닌가 했는데……."

하루하루 변하는 민수의 모습이 민수 어머니는 대견한 듯했다.

"민수가 처음 진단을 받았을 때는 절대 남 앞에서 울지 않겠다고 다짐했는데…… 여기서는 울보가 되네요."

나는 가만히 민수 어머니의 어깨를 감쌌다.

"울어도 돼요 민수 어머니, 좋아서 우는 거잖아요."

나의 말에 민수 어머니는 고개만 끄덕인 채 다시 눈물을 감추려고 얼굴을 가렸다.

보호자는 자신의 아이에게 편견을 보이는 세상에 상처받지 않으려고 노력하지만 치료사 앞에서는 유독 눈물을 많이 흘린다. 보호자의 기대에 미치지 못하는 아이의 상태가 고스란히 드러나면 실망의 눈물을 흘리기도 하고, 보호자의 욕심과 달리 천천히 자라는 아이를 보면 절망의 눈물을 흘리기도 한다. 그러나 가끔은 그날의 민수처럼 기대 이상의 모습을 보이면 아이의 대견함에 눈물을 훔치기도 한다.

하루하루 나아지는 모습을 보인다고 해도, 민수는 아직 다른 또래 친구와 비교하면 많이 뒤처진 상태였다. 1년 후 초등학교 입학을 앞두고 민수가 넘어야 할 산이 앞으로 얼마나 더 있을지 누구도 알 수 없었다. 민수의 진전에 눈물 흘리는 민수 어머니를 바라보며 나는 한국에서 남은 시간, 민수와 민수 어머니에게 그날처럼 기쁜 일이 더 많이 쌓이기를 바랐다.

# 일반반으로 갈까, 통합반으로 갈까?

약 2년 동안 통합전문가회의를 진행했지만 치료사끼리 의견이 팽팽히 맞서는 경우는 거의 없었다. 통합전문가회의는 치료에 임하는 민수의 태도와 능력을 객관적으로 평가하기 위해 다른 치료사가 진행하는 치료에 대해 묻기도 하고 발달이 늦은 영역에 대해서는 함께 해결방안을 모색하는 자리이기 때문이다. 즉 누가 옳고 그른지를 따지는 토론장이 아니라 학문 간 벽을 허물고 자신의 전문영역을 넘어 자폐스펙트럼 장애 치료에 대한 새로운 접근 방식을 알아보고 결과를 나누는 곳이다 보니 격한 논쟁이 벌어지는 일은 거의 없었다. 그런데 2011년 3월 말, 민수의 한 해 생활을 결정할 긴 통합전문가회의에서는 각 치료사들의 의견이 팽팽하게 맞서며 긴장된 반응을 보였다.

2년간의 통합치료교육으로 인지기능과 언어 능력, 학습 능력이 몰라보게 좋아진 민수가 그해 어린이집의 어떤 반으로 진학해야 할지에 대한 치료사들의 갑론을박이 시작되었다. 당시 우리는 객관적인 민수의 상태를 알아보기 위해 심리평가를 시행했다. 치료사가 주관적으로 민수의 상태를 파악하는 것보다는 객관적인 검사와 그 결과를 통해 민수의 발달상황을 알아보려는 시도였다. 민수의 심리검사 결과는 우리의 예상을 웃돌았다. 일상생활에서 필요한 생활기술이나 운동 능력이 민수는 모두 4~6세라는 결과가 나왔다. 언어를 사용하지 않는 습관적이고 반복적인 행동기술에서는 자신의 또래와 비슷한 발달 상황을 보여주었다. 그러나 대인관계와 놀이기술로 평가되는 사회화 능력은 3세에 미치지 못한다는 결과를 얻었다.

또한 말문이 늦게 트인 민수의 언어평가도 실시했다. 다른 사람의 말을 알아듣고 말하는 수용언어와 표현언어는 3세 수준에 불과했다. 객관적인 민수의 검사결과를 놓고 치료사마다 다른 의견을 내놓았다. 공교롭게도 새로운 치료사와 기존 치료사의 의견이 정면으로 충돌하였다.

"민수가 단어를 쓸 수 있긴 하지만 아직 통 글자로 인식할 뿐 문자 하나하나의 의미는 이해하지 못하는 상태입니다. 숫자 세기도 곧잘 하지만 아직 수와 양 대응을 하지 못해요. 일반아동으로 구성된 반에 들어간다면 장애전담 교사의 도움 없이 수업내용을 따라가기도 벅차고 친구들과 어울려 노는 것도 어려울 것입니다."

아직 사회성이 부족하고 인지기능도 떨어지는데 무리해서 일반반에 진학시킬 필요가 없다는 것이 새로운 치료사들의 의견이었다.

"하지만 민수는 또래와 놀고 싶어 하는 욕구가 다른 자폐스펙트럼 장애아동보다 강해요. 친구하고 놀 때는 충동조절도 잘하고 양보도 잘합니다. 의사소통 능력도 점점 좋아지고 있으니까 개별치료 시간에 놀이기술을 도와주고 사회성 발달을 위한 치료를 꾸준히 한다면 얼마든지 일반반에 적응할 수 있어요."

그동안 민수는 장애전담 교사의 도움 없이도 어린이집에서 생활에 필요한 일상의 기술을 모두 익혔다. 기존 치료사들은 일반반에 진학해서 지금까지 그랬던 것처럼 자신보다 발달이 빠른 친구들을 보며 따라 배우는 것이 치료실에서 배우는 것 이상으로 민수에게 도움이 될 것이라고 주장했다.

두 의견 모두 나름의 근거가 있었고 민수에게 좀 더 나은 환경을 제공하려는 치료사들의 의견이라는 것도 알고 있었다. '또래와 비교하여 부족함이 없는 운동 능력'이 기준이 되느냐, '또래보다 부족한 언어 능력'이 기준이 되느냐 그 차이밖에 없었다. 쉽사리 결론이 나지 않는 상태에서 조용히 이야기를 듣고 있던 어린이집 원장이 이야기를 시작했다.

"저는 민수가 일반반에 진학했으면 좋겠어요."

긴 시간 결론이 나지 않는 회의를 마무리 짓겠다는 듯 어린이집 원장은 차분히 말을 이어나갔다.

"아무리 장애전담 선생님과 통합지원 선생님이 모든 아이가 함께 놀 수 있는 자리를 마련해도 시간이 지나면 장애아동과 일반아동은 따로 따로 놀아요. 민수 역시 장애아동 중에서는 발달이 빠른 편임에도 자신과 비슷한 장애아동과만 놀려고 합니다."

만 3세반 때만 해도 어린이집 교사가 지도하면 장애아동과 일반아동이 구분 없이 어울렸지만, 만 4세반에서는 눈치 빠른 아이들이 먼저 장애아동과 일반아동을 구분하기 시작했고, 만 5세반이 되면 그 구분은 더 명확하고 커질 터였다.

"민수는 일반아동보다는 발달이 늦지만 다른 장애아동보다는 발달이 빨라요. 또래와 상호작용하려는 욕구도 크고요. 같은 반 친구 사진을 보고 이름을 부르며 관심을 표현하기도 합니다. 민수가 통합반으로 진학하면 자신보다 발달이 늦은 친구랑만 어울리려고 할 거예요. 그렇게 되면 민수의 발달에 도움이 되지 않을 것이라고 봅니다. 민수도, 어린이집도 어렵겠지만 선생님들이 도와주시면 일반반으로 진학하는 것이 민수를 위해 좋을 듯합니다."

어린이집 원장의 의견에 모두 동의했다. 민수를 직접 맡아서 교육하는 어린이집 원장은 민수의 일반반 진학의 장·단점을 누구보다 잘 알고 있었다. 민수의 어머니도 민수를 일반반에 진학시키고 싶어 했지만 반 친구들이 민수를 받아들일지 걱정하고 있는 상태였다. 우리는 비록 어렵고 힘들어도 민수를 일반반에 진학시키기로 결정했다. 어린이집 원장의 결단에 나와 안동현 교수도 동의를 표하자 더 이상의 이견은 나오지 않았다.

"민수가 잘할 수 있을까요?"

회의 결과를 전해주자 기뻐할 것이라 생각했던 민수 어머니는 오히려 부담스러운 눈치였다.

"아직 편식 습관도 고쳐지지 않았고 고집행동도 남아 있는데,

장애전담 선생님의 도움 없이 어린이집 일반반에서 잘 적응할 수 있을까요?"

물가에 내놓은 젖먹이를 보듯 민수 어머니는 민수가 불안한 모양이었다.

"글쎄요……."

설렘과 걱정 사이를 오가는 민수 어머니에게 민수는 잘해낼 것이라고, 걱정하지 말라고 용기를 주어야 했지만 나조차도 민수가 일반반으로 진학하여 좋은 결과를 얻을 수 있을지 쉽게 장담할 수 없었다. 아무리 2년 동안 어린이집과 연구원에서 많은 발전을 이루었다고 해도, 민수는 또래의 일반아동보다 손이 많이 가는 아이였다. 자신보다 한참 말과 행동이 빠른 아이들과 함께 어울리게 되면 민수 스스로 위축될 수도 있고, 심한 경우 스트레스로 인해 부적응행동이 다시 많아질 수도 있었다.

그럼에도 우리가 민수를 일반반으로 진학시키기로 한 이유는 이제 어린이집 일반반은 1년 후, 민수가 중국에서 만나 생활해야 할 '세상'이기 때문이다. 중국으로 돌아가면 민수는 어머니의 도움도 치료사의 도움을 받을 수 없는 초등학교에 입학해야 한다. 순수한 만큼 냉정하고 무관심한 아이들의 세계에서 민수가 자신의 힘으로 버티며 스스로 깨쳐 나가야 할 일이 얼마나 많을지 우리도 예측하기 어려운 상황이었다. 그때를 위해 우리가 할 수 있는 최선은 민수에게 좀 더 다양한 사회를 경험시키는 것이었다. 그래서 변화를 두려워하는 민수에게 예측할 수 있는 세상의 범위를 넓혀주어야 했다.

"잘하길 바라야지요."

내가 할 수 있는 최선의 행동은 민수 어머니처럼 걱정과 기대로 민수의 앞날을 기다리는 것뿐이었다. 지난 2년간의 치료를 통해 민수는 스스로 쉽게 흔들리거나 포기하지 않는 어린이로 성장하고 있는 중이었다. 그러므로 걱정 속에서도 민수가 잘해낼 것이라는 믿음이 나와 민수 어머니의 가슴 한켠에서 자라고 있었다.

### 전문가 코너 ⑯
## 초등학교 입학 결정

자폐스펙트럼 장애아동을 키우면서 무엇보다 신중하게 선택해야 하는 것이 바로 초등학교 입학이다. 어린이집이나 유치원보다 체계적이고 조직적이며 대집단 사회인 초등학교 입학을 앞두고 많은 보호자가 고민에 빠진다. 또래 일반아동처럼 만 6세 나이에 맞추어 초등학교 입학을 선택하는 보호자도 있고, 발달상태가 또래보다 아주 늦은 경우 1년 유예를 선택하여 발달단계를 맞추려는 보호자도 있다. 어떤 선택을 하든 장·단점이 있기 마련이고, 그에 따른 결과도 아이의 상태에 따라 모두 다르기 때문에 어떤 선택이 옳은 선택인지 전문가도 단정하여 이야기하기는 어렵다. 이는 기관의 담당 교사와 충분한 상담을 통해 결정하는 것이 바람직하다.

초등학교 취학유예를 선택할 경우, 입학년도 전해인 10월 1일부터 12월 31일까지 소재지 주민센터에서 소정의 신청서를 작성·제출하면 된다. 이 기간을 놓쳤다면 취학통지서에 기재된 초등학교에 진단서와 보호자 소견서 등의 구비서류를 제출하여 취학유예를 받을 수 있다. 만약 자녀가 특수교육 대상자로 선정되었다면 교육지원청에 유예신청서와 의사소견서 등의 서류를 준비하여 취약유예를 신청하면 특수교육 운영위원회의 심의를 거쳐 결과가 통보된다.

### 전문가 코너 ⑰
## 아이의 능력을 객관적으로 평가하는 여러 가지 검사들

***연도별 웩슬러 지능검사**

연구원에 처음 왔던 2008년에는 검사 실시조차 어렵던 민수였지만, 2011년에는 여러 시간이 소요되는 검사를 의젓하게 받을 수 있을 정도로 발달이 이루어졌다. 그래도 아직 전 영역을 검사하기는 어려웠으므로 2011년 3월에는 웩슬러 지능검사 항목인 언어성·동작성 검사 중에서 동작성 검사만 수행할 수 있었다. 평가 결과 민수는 동작성 IQ 63으로 정신지체 수준에 해당하였다.

그 후 2012년 7월 두 번째 웩슬러 지능검사를 시행한 결과 전체 IQ 65, 언어성 IQ 53, 동작성 IQ 76으로, 민수의 동작성 지능이 크게 향상되었다는 것을 알 수 있었다. 2011년 결과와 2012년 결과를 비교해 보았을 때 민수는 전 영역에서 그 능력이 향상되고 있었다.

***연도별 적응행동 평가**

2009년 3월, 어머니 보고에 따른 사회적응능력 검사인 바인랜드 적응행동 평가VABS 결과 민수의 의사소통은 1세~1세 6개월, 일상생활기술은 3세~3세 6개월, 사회화는 1세~1세 6개월로 나타났다.

2011년 시행한 적응행동 평가 결과, 민수는 일상생활에서 필요한 일상생활기술은 4세 3개월로 언어를 사용하지 않는 습관적이고 반복적인 행동기술에서는 빠른 발달을 보여주고 있었다. 그러나 의사소통기술은 2세 3개월, 대인관계와 놀이기술로 평가되는 사회화 능력은 3세에 미치지 못했다.

2012년 7월 시행한 적응행동 평가에서 민수의 의사소통은 3세 3개월, 일상생활기술은 7세 3개월, 사회화는 4세 6개월로 나타났다.

2013년 1월 실시한 적응행동 평가결과에서는 민수의 의사소통능력이 5세

9개월, 일상생활기술은 7세 3개월, 사회화는 5세 3개월 수준인 것으로 나타났다. 대부분 기능이 유지 혹은 향상된 결과를 보였는데, 특히 의사소통 영역에서의 향상이 두드러졌다.

**\*연도별 수용언어, 표현언어 발달**

2009년 3월의 민수는 산만하고 반응을 보이지 않아서 언어평가는 불가능하였다. 부모 보고로 아동의 언어수준을 평가하는 영유아 언어발달 평가SELSI에서 민수의 수용언어 수준은 17개월, 표현언어 수준은 14개월 수준으로 평가되었고 조음평가는 시행하기 어려웠다.

2011년 11월, 착석 및 지시 따르기가 가능해진 민수에게 취학 전 아동의 수용언어 및 표현언어 발달척도PRES를 실시하였다. 그 결과 민수의 수용언어는 32개월, 표현언어도 32개월, 낱말수준의 조음평가에서 자음 정확도는 약 91%였다.

2013년 1월 취학 전 아동의 수용언어 및 표현언어 발달척도를 실시한 결과 민수의 수용언어는 56개월, 표현언어는 41개월, 조음평가 낱말 수준에서 자음 정확도는 100%, 문장 수준의 자음 정확도는 약 98%였다.

연도별 평가결과를 볼 때 민수는 치료 중기 이후 언어발달이 크게 향상되었음을 알 수 있었다. 표현언어는 꾸준하게 발전했는데 수용언어의 발달은 이보다 급격한 편이었다. 특히 민수의 조음능력은 눈에 띄게 향상되었다.

또한 민수는 객관적인 평가결과보다 실제 의사소통 능력이 더 좋은 편이었다. 그것은 민수가 생활연령이 높고 다양한 경험과 교육을 통해 적절한 단서를 파악할 수 있었고, 글자를 읽고 쓰기가 가능했기 때문으로 생각된다.

## 질문에 답하기 시작하다

"민수야, 오늘 몇 월 며칠이지?"

학습치료 시간, 치료사와 민수는 책상 위에 달력을 올려놓고 달력 읽기로 치료를 시작했다.

일반아동은 보통 자신의 나이만큼 숫자를 센다. 막 말을 시작한 아이에게 몇 살인지 물으면 손가락을 세 개 펴고 "세 살"이라고 대답한다. 아직 수 개념을 이해하지는 못하지만 부모가 알려준 말과 행동을 따라 하며 수를 익히는 것이다. 네 살이 되면 넷, 다섯 살이 되면 다섯까지 셀 수 있다. 이런 수 세기는 여섯 살이 되면 급격히 증가하는데, 초등학교 입학 전후로 백 단위까지 능숙하게 세는 아동도 있다. 민수도 일곱 살이 되면서 열까지 세던 수가 부쩍 늘었다. 손 사장과 엘리베이터를 타면서 알게 된 숫자의 규칙성과 연속성이 마음에 들었는지 수 세기도 민수가 좋아하는 활동이 되었다. 숫자를 읽고 쓸 수 있게 되자 민수는 숫자로 가득 찬 달력에 푹 빠졌다.

"4월 6층!"

엘리베이터 놀이로 숫자를 익힌 민수였기에 숫자를 말하는 단위를 '층'으로 표현할 때가 많았다. 엘리베이터에 대한 민수의 지나친 관심은 한동안 계속되어 치료시간 중간에 어려운 문제가 나오면 "언어치료 선생님은 10층" "놀이치료 선생님은 5층"이란 말을 불쑥불쑥 꺼내는 부적응행동을 보이기도 했다.

"민수야 여기는 엘리베이터가 아니에요, 오늘이 몇 월 몇 일이라고요?"

학습치료사는 민수에게 잘못된 곳을 바로 지적하여 고쳐주지 않고 민수 스스로 정답을 찾을 수 있도록 '월'과 '일'을 정확하게 말해주었다. 치료사의 유도에 민수는 곧 자신의 잘못을 알아차리고 바른 답을 말하였다.

"4월 6일!"

"민수 잘했어! 그럼 오늘은 무슨 요일일까요?"

어린이집에서 매일 일과로 행해지는 날짜와 요일 쓰기 덕분에 민수는 요일의 순서 역시 알고 있었다.

"수요일."

"그래요, 오늘은 4월 6일 수요일이에요. 민수 잘했어요!"

민수는 치료사의 칭찬에 기분이 좋았는지 어깨를 으쓱거렸다.

시간은 눈에 보이지 않는 추상적인 개념이기 때문에 민수와 같은 자폐스펙트럼 장애아동은 쉽게 익히고 이해하기 어렵다. 하루가 24시간으로 이루어져 있고, 그 하루가 삼십 개가 모이면

한 달이 되며, 그 한 달이 열두 개가 모여서 일 년이 된다는 것을 민수도 처음에는 이해하지 못했다. 그래서 달력을 보며 날짜와 요일을 읽고 쓰는 반복적인 훈련을 통해 시간에 대한 다양한 어휘를 익히고 시간의 규칙성과 연속성을 인식시켜야 했다.

학습치료를 통해 달력 읽기에 재미를 붙인 민수는 언어치료 시간에도 달력놀이를 하고 싶어 했다. 민수는 언어치료 시간에도 시작 인사가 끝나면 바로 달력을 꺼내 들었다. 그러고는 오늘이 며칠인지 민수 스스로 가리키거나 치료사에게 보여 주면서 "도와주세요"라고 청했다.

"민수야, 오늘은 며칠이야?"

"18일."

크고 또렷하게 요일을 말하는 민수의 목소리에는 자신감이 가득 차 있었다.

"잘했어! 민수 최고! 선생님이 또 물어봐도 돼?"

"네!"

"그럼 내일은 며칠일까?"

눈을 동그랗게 뜨고 18이라는 숫자 주위를 헤매던 민수는 자신의 반응에 치료사가 아무 말 없이 기다리고 있으면 '도와주세요'라는 몸짓으로 도움을 요청했다. 그러면 치료사는 19라는 숫자를 가리키게 하면서 '내일'이라는 단어를 알려주고, '내일'을 이해할 수 있는 여러 가지 단서를 함께 알려주어 민수가 더 잘 이해할 수 있도록 도왔다.

민수가 한 살 더 먹고 나자 늘 칭찬으로 시작하던 언어치료 시간에 칭찬할 일이 더 늘었다. 민수가 드디어 '의문문에 정확한 답'을 찾기 시작한 것이다.

질문의 의도를 이해하는 것은 쉬운 일이 아니기 때문에 치료를 받는 대부분의 장애아동은 이것을 어려워한다. 자폐스펙트럼 장애아동은 오랜 시간 치료를 통해 의문사 교육을 받지만 상황에 따라 다른 질문의 의도를 파악하지 못하여 의문사와 그에 대한 대답을 쉽게 내놓지 못한다. 민수도 단순한 수준인 "누구야?" "뭐야?"라는 질문은 이해했지만 "민수의 바지가 예쁘네, 누가 사줬어요?" "소풍갔었구나. 뭐 탔어요(타고 갔어요)?"라는 물음에는 좀처럼 답을 하지 못했다. 시간과 같은 추상적인 개념을 이해하는 것만큼 질문을 이해하고 스스로 답을 찾아 대답하는 것 역시 높은 수준의 사고력이 필요하기 때문이다.

의문사와 추상적인 개념을 포함한 질문에 전혀 답을 하지 못하던 민수가 질문에 답을 하기 시작한 것은 방학 동안 중국에 다녀온 이후부터였다.

"민수야, 방학 동안 어디 갔다 왔어?"

나는 오랜만에 만난 민수에게 질문을 던졌다. 물론 민수가 내 질문에 대답하리라고는 기대하지 않았다. 민수는 비록 나와 눈을 마주치지는 않았지만 나의 질문을 이해하고 답을 했다.

"중국."

민수의 대답에 내가 더 놀랐다. 이전까지 민수에게서 들을 수 있었던 대답은 '네'가 전부였기 때문이다.

"민수야, 오늘 공부 잘했어?"

"민수야, 오늘 어린이집 잘 다녀왔어요?"

그전까지 내가 어떤 질문을 하든지 민수의 대답은 언제나 '네'로 통일되었다. 늘 지시를 받는 민수였기에 '아니오'라는 대답을 할 때도 매우 드물었다. 뜻밖의 대답에 나는 민수에게 또 다른 질문을 던졌다.

"중국에는 무엇을 타고 갔어?"

민수가 알아들을 수 있도록 한 글자 한 글자 힘을 주어 말했다.

"비행기."

"누구를 만났어?"

"할아버지."

자동차만큼 비행기를 좋아했던 민수는 비행기를 타고 중국에 다녀온 것과 할아버지를 만난 것이 기억에 남는지 내 질문에 또렷하게 대답했다. 민수 어머니가 방학 동안 민수에게 하나라도 더 글자를 익히고 숫자를 깨치게 하려고 노력하는 동안 민수는 그보다 더 어려운 개념을 스스로 터득했던 것이다.

민수의 발전은 곧바로 언어치료 시간에 반영되어 치료시간마다 민수는 치료사에게 의문사를 포함한 질문을 받게 되었다. '누구'와 '무엇'을 포함한 질문에 그때마다 민수는 적절한 답을 했다. 의문사 '어디'를 포함하는 질문에는 '어린이집' '중국' 등 민수가 정확하게 알고 있는 곳이라면 막힘없이 대답했다. 민수의 발전에 치료사들은 더 어려운 문제를 내기 시작했다. 대답하기 어려운 질문이 나오면 민수는 두 팔을 저으며 "어려워"라고 엄살을 부렸다. 하지만 오랫동안 힘든 치료과정을 민수와 함께 겪은 치료사들은 물러나지 않았다.

"안 돼! 선생님은 꼭 할 거야. 그러니까 민수가 도와줘."

치료사가 물러서지 않자 민수는 할 수 없이 답을 찾기 시작했다.

또한 민수는 사건을 시간순으로 배열하여 원인과 결과를 유추하는 능력을 기르기 위해 그림을 보며 다음에 일어날 일을 찾는 훈련도 시작하였다. 한번은 치료사가 들고 있는 '불이 난 그림' 다음에 올 그림을 민수 스스로 찾아야 했다. 어렵다는 듯 인상을 쓰고 치료사의 눈치를 살피긴 했지만 천천히 맞는 답을 찾기 위해 노력하는 모습을 보이기 시작했다. 민수가 고른 그림은 치료사의 질문에 맞는 '소방차 그림'이었다.

"민수야 잘했어! 불이 나면 소방차가 와. 소방차가 불을 꺼. 민수 아주 잘했어요."

자신이 어려운 문제를 맞추었다는 것을 아는 듯 민수는 소방차 소리를 흉내 내며 즐거워했다.

대부분의 치료사들이 민수의 발전에 기뻐했지만 언어치료사는 마냥 기뻐하고만 있을 수 없었다. 표현이 증가하고 상호작용에 무리 없이 적응하며 수 세기에도 능숙해진 민수였지만 도무지 늘지 않는 '하나'가 있었다. 민수 어머니와 언어치료사의 가슴에 맺힌 간절한 바람, 바로 민수의 발음이었다.

"이민수, 예쁘게 말해보세요!"

언어치료사가 나지막이 말했다.

"선, 생, 님, 안, 녕, 하, 세, 요."

치료사가 예쁘게 말해달라고 부탁하면 민수는 한 자 한 자 또박또박 힘을 주어 말해 제대로 된 발음을 낼 수 있긴 하였다. 하지만 보통의 대화에서는 자음을 제대로 발음하지 않았다. 민수 스스로 조사도 사용하고 형용사에 대한 이해와 표현도 증가하였지만, 발음만큼은 지속적인 집중교육이 필요했다. 다른 사람과 의사소통하려는 민수의 욕구가 강해질수록 부정확한 발음 때문에 의사소통으로 겪는 어려움도 점점 커졌다. 민수가 발전하는 만큼 부족한 부분도 또렷이 드러나 우리의 고민도 증가하고 있었다.

### 전문가 코너 ⑱
## 질문하기와 답하기

다른 사람에게 질문하고, 다른 사람의 질문에 답하는 것은 아동의 발달은 물론 어른에게도 중요한 일이다. 간단한 질문과 답을 반복하면서 아이들은 서로를 알아가고 사회성을 익히며 생활에 필요한 지식을 배우게 되기 때문이다.

일반 아동의 경우 만 2~3세가 되면 질문의 의미를 이해하고 만 4~5세가 되면 '누구' '무엇' '어디' 등의 의문사로 시작하는 질문을 하기 시작한다. 만 6세가 되면 '언제' '어떻게' '왜' 등의 추상적인 개념을 포함한 육하원칙을 사용하여 질문을 할 수 있고, 받은 질문에 답도 할 수 있다.

그러나 민수와 같은 자폐스펙트럼 장애아동의 경우 상대가 자신에게 답을 구한다는 것을 이해하지 못하므로 의문사나 대명사를 이해하는 데도 오랜 시간이 걸린다. 자폐스펙트럼 장애아동이 다른 인지학습과 마찬가지로 추상적인 개념을 습득하기 위해서는 오랜 시간 끊임없는 반복 훈련이 필요하다. 의문사를 이해하는 순서는 아동마다 다를 수 있지만 일반 아동의 순서를 따르는 것이 대부분이다.

## 변화에 적응하는 능력

　민수의 장점은 쉽게 지치지 않는다는 것이다. 아무리 반복해도 싫증을 내지 않았고 웃으면서 치료시간을 즐겼다. 민수의 이런 장점 덕분에 치료시간마다 힘들고 어려운 활동이라도 완전히 익히고 수행할 때까지 반복할 수 있었다. 그러나 반복되는 치료를 좋아하는 만큼 상황이 바뀌면 무척 당황했다. 새로운 치료를 시작할 때마다 민수는 손에 땀이 흥건할 정도로 긴장하곤 했다.

　치료를 시작하기 전에 민수가 좋아하는 '달력 읽기'를 생략하면 스스로 달력을 가지고 와 "달력 해!"라며 치료사에게 고집을 부렸고 회상하기를 하지 않고 치료를 종료하면 당황한 표정을 지었다. 하지만 일곱 살이 된 민수에게는 변화에 적응할 수 있는 다양한 능력을 키워주어야 했다.

　"안 돼, 오늘은 달력 안 할 거야."

　치료사가 달력을 치우면 다시 책상 위에 달력을 올려놓으며 변경된 치료를 거부하던 민수였지만, 지속적인 훈련을 통해 거부반응이 조금씩 사라지기 시작했고 '안 돼!'라는 말로도 충분히 통제할 수 있게 되었다. 덕분에 시간이 지날수록 변화에 적응하는 민수의 속도 역시 빨라졌다.

자폐스펙트럼 장애아동의 고집행동은 제한된 치료시간뿐 아니라 생활 속에서도 나타난다. 부정적인 고집행동은 융통성이 부족하여 사회생활에 적응하기 어려운 자폐스펙트럼 장애아동을 더 힘들게 한다. 특히 편식 습관과 함께 민수가 오랫동안 고치지 못한 습관 중 하나가 '손에 묻히기'였다. 민수는 물만 묻어도 옷을 갈아입을 정도였는데, 특히 손에 무언가를 묻히는 것을 극도로 꺼렸다. 어린이집에 등원할 때도 갈아입을 옷 두어 벌은 꼭 챙겨야 했고, 손 소독을 하려고 해도 손 소독제가 닿는 것을 싫어하여 한참 실랑이를 벌여야 했다. 그러나 아이를 변화시키는 것은 제지와 금지가 아니라 칭찬과 재미다. 오랜 시간이 걸리긴 했지만 민수가 스스로 필요성을 깨닫고 도전하여 이루어 내는 변화는 성공률도 높았고 퇴행도 이루어지지 않았다. 손에 묻히기를 싫어하는 민수의 고집행동을 고쳐 준 것은 바로 미술치료였다.

음악치료 시간처럼 미술치료 시간에도 민수는 신이 났다. 음악치료 시간처럼 미술치료 시간 역시 민수가 받는 스트레스와 불안을 없애는 방향으로 진행할 수 있도록 통합전문가회의를 통해 치료목표를 잡았다. 초등학교 입학을 앞두고 인지발달이 가장 중요한 목표이긴 했지만, 민수의 정서적인 발달도 고려하여 균형적인 발전을 이루어야 한다고 전문가들이 의견을 모았던 것이다. 제지와 금지 없이 마음대로 그리고 만들며 부수는 미술치료는 곧 민수가 가장 좋아하는 시간이 되었다.

미술치료사는 민수의 심리적인 안정을 도와주고 언어와 감각 발달을 촉진할 수 있는 다양한 재료를 사용하는 치료 계획을 세웠다. 하지만 처음에는 휴지죽과 묽은 점토, 핑거페인팅 등 물을 이용하여 섬세하고 예민한 활동이 가능한 도구를 활용하지 않고 민수가 자유롭게 자신의 마음을 표현하며 시각과 청각, 후각과 촉각을 자극할 수 있는 활동부터 시작하였다. 그러나 민수는 새로운 재료에 관심을 보이지 않았다. 익숙한 크레파스와 연필을 쥐고 치료사와 함께 기차와 비행기를 그리며 즐거워했지만 손에 무언가를 묻혀야 하는 활동은 주저했다.

"안 돼, 민수야. 오늘은 하나만 할 거야."

대신 민수의 마음에 든 재료는 우드락이었다. 쩍쩍 소리를 내며 부서지는 우드락 놀이를 하는 동안은 민수의 웃음소리가 이어졌다. 더는 손으로 우드락을 부수기 어려워지면 우드락을 바닥에 놓고 도구를 활용하여 잘게 부수었다. 매일 한 개씩만 부수기로 치료사와 약속했지만, 일곱 살 어린이는 늘 유혹에 약했다. 하나의 우드락 판을 다 부수면 민수는 치료사의 눈치를 보며 다른 우드락 판을 찾았다. 치료사가 제지하면 속상한 표정을 짓긴 했지만 일단 치료사와 약속하면 그 약속을 지키려고 노력했다. 치료사는 민수가 다양한 재료에 관심을 갖고 고집행동도 없앨 수 있는 놀이를 준비하여 민수가 따라올 수 있도록 차근차근 천천히 수업을 진행하였다.

● 미술치료 시간은 민수의 스트레스와 불안을 잠재우고
심리적 안정을 돕는 것이 목표였다.
손에 무언가를 묻히기를 싫어 했던 민수가 가장 좋아하는 놀이는
우드락 판 부수기였다. 아래는 민수가 만든 우드락 기차

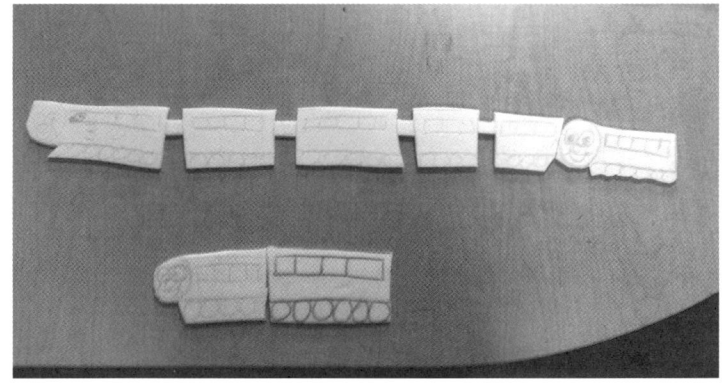

하루는 잘게 부서진 우드락 조각을 물에 넣고 파란 물감을 풀어 주었다. 우드락 조각 위에 파란 물감이 퍼지는 것을 보고 민수

는 그 움직임을 관찰하며 즐거워했다. 이처럼 물에 대한 민수의 두려움이 조금씩 사라지자 미술치료사는 민수가 공중으로 물을 뿌려 물방울을 관찰하는 활동을 하도록 하기 위해 분무기를 활용하기 시작했다. 물방울이 빛을 받아 형형색색 무지개 빛깔로 변화하는 모습을 민수는 신기한 듯 한참 쳐다보았다. 그 순간만큼은 옷에 물이 묻는 것도 손에 물이 닿는 것도 잊은 듯 보였다.

민수가 물과 함께 하는 작업에 익숙해지자 치료사는 물과 함께 쓰는 도구를 사용하기 시작했다. 처음에는 '핑거페인팅'이었다. '핑거페인팅'을 시작하자 민수는 새로운 재료에 호기심은 있었지만 손을 더럽혀야 한다는 것 때문에 주저하는 모습이었다. 그러나 치료사가 자신의 손에 먼저 물감을 묻히고 종이에 손바닥을 찍는 모습을 보여주며 민수에게 함께할 것을 권하자 조심스럽게 따라 하기 시작했다. 처음에는 한번 손을 찍은 후 꼭 더러운 것이 묻은 것처럼 불안해하고 싫어하며 바로 손을 닦았지만, 반복적인 활동으로 조금씩 촉각적인 자극에 적응하면서 고집행동이 감소하였고 곧 점토와 휴지죽도 큰 저항 없이 손으로 만질 수 있게 되었다.

미술치료가 끝나갈 무렵 치료사는 민수에게 뜻깊은 선물을 준비했다. 민수의 손 모양을 석고붕대로 떠보는 작업이었다. 촉각적인 자극에 답답함과 민감함을 갖고 있었던 민수에게 이 작업은 또 다른 도전이었다.

"자 민수야, 선생님이 로션을 손에 다 바를 때까지 절대 움직이면 안 돼!"

다행히 민수는 차분하게 기다리는 듯했다. 그러나 물에 적신 석고붕대 조각이 손등에 하나씩 올라갈 때마다 민수는 간지럽다며 손을 움직여 빼내려고 했다. 이 작업은 석고붕대가 마를 때까지 움직이지 않아야 원하는 손 모양을 얻을 수 있는데, 사실 이러한 작업과정은 민수 또래의 일반아동들도 참기 어려워 한다. 어떻게 하면 민수가 잘 참아낼 수 있을까 고민하던 치료사는 민수가 음악을 좋아하고 가끔 콧소리로 노래를 불렀던 것을 기억해 냈다. 민수가 노래를 부르는 것에 집중하게 되면 간지러움과 건조 과정의 기다림을 극복할 수 있을 것이라 생각했다.

"민수야, 우리 노래 한곡 불러 볼까?"

"반짝반짝 작은 별 아름답게 비치네~"

치료사의 말이 끝나자마자 민수는 자신이 아는 노래를 부르기 시작했고, 치료사의 예상대로 민수는 노래를 부르는 동안에는 손을 움직이지 않았다. 10분이 지난 후 민수의 손에서 딱딱하게 마른 석고를 떼어내자 민수는 "와아~~~~"하며 탄성을 질렀다. 그렇게 민수는 넘어야 할 또 하나의 산을 멋지게 넘어선 것이다.

그러던 어느 날이었다.

"시러!"

갑자기 연구원 화장실이 소란스러웠다. 손에 점토를 가득 묻힌 민수가 손을 닦기 싫다며 어머니와 실랑이를 벌이고 있었다. 나는 이번에는 민수 어머니의 편에 섰다.

"민수야, 손을 닦고 가야지! 안 그러면 여기 다 더러워지는데?"

뜻하지 않은 나의 출현에 민수는 포기한 듯 손을 어머니에게

맡겼다. 민수 어머니는 민수의 손 구석구석을 깨끗이 닦고 수건으로 말끔히 말려주었다. 손을 닦자 민수는 더 이상 화장실에 있기 싫다는 듯 쏜살같이 밖으로 나가버렸다.

"원장님, 이제 민수가 손에 흙을 묻혀도 잘 참아요."

치료실이라는 제한된 공간 안에서였기는 했지만 민수의 고집 행동이 감소하자 민수 어머니는 대견스러운 얼굴로 나에게 자랑했다.

"장하네요, 민수."

"절대로 못 고칠 줄 알았는데…… 시간이 걸려서 그렇지 결국 하나씩 극복하고 있어요."

민수 어머니는 민수의 긍정적인 변화가 흐뭇한 듯 입가에 미소가 끊이질 않았다.

"그럼요! 못하는 게 어딨어요? 우리가 기다리지 못하는 거지요. 기다리면 아이는 조금씩 다 하게 되어 있어요. 민수 어머니가 포기하지 않고 잘 기다린 덕분이에요."

나의 격려에 민수 어머니는 고개를 저으며 모두 치료사 덕분이라고 공을 돌렸다. 그러나 누구의 노력 덕분인지 가려내는 것은 중요하지 않았다. 절대 극복하지 못할 것이라고 여겼던 민수의 고집행동이 하나씩 사라지는 모습을 보며 우리는 많은 것을 생각하게 되었다. 아직 방법을 찾지 못했을 뿐, 아이의 능력을 함부로 재단하거나 포기해서는 안 된다는 것과 실망이 주는 함정에 빠지지 말아야 한다는 사실이었다.

### 전문가 코너 ⑲
## 미술치료

오랜 시간 정신분석학적인 연구에 의해 밝혀진 사실로 미루어 보면, 미술은 단순히 미적 표현을 넘어 정신적 투사이자 보다 포괄적인 범위에서는 개인의 조화로운 인성 발달의 매개체가 되고 있다. 현재 미술은 다양한 대상에게 치료 매개체로 적극 활용되고 있다.

자폐스펙트럼 장애아동은 미술이 가지고 있는 자기 표현적 기능을 통해 외부 세계와 의사소통함으로써 언어발달을 촉진할 수 있다. 미술치료는 다른 치료와 달리 도전과 완성의 과정을 모두 경험할 수 있으므로 성취감과 자신감 또한 기를 수 있다. 흥미롭고 다양한 미술 재료와 도구를 활용하여 변화에 대한 저항감을 줄이고 소근육 발달 함께 손과 눈의 협응력도 기를 수 있다.

언어를 통한 의사소통이 원활하지 않은 자폐스펙트럼 장애아동의 경우 비언어적 방법을 특징으로 하는 미술은 자신의 감정이나 욕구를 표출할 수 있는 좋은 수단이 된다. 자폐스펙트럼 장애아동은 숫자나 글자를 반복적으로 종이 위에 가득 채우거나 본인 외에는 알 수 없는 그림을 자주 그린다. 또한 사람의 특징을 묘사할 수는 없지만 자신이 좋아하는 사물에 대해서는 명확하고 섬세하게 그려내기도 한다. 미술에 흥미를 가진 자폐스펙트럼 장애아동에게 미술치료를 시키면 변화에 대처하는 능력과 사회성뿐만 아니라, 지속적으로 개입하면 부적응행동이 개선되는 결과를 기대할 수 있다.

# 부모와 아이, 가장 소중한 애증관계

"민수야 뛰지 마~!"

어느 날이었다. 언어치료 수업이 끝나자마자 민수는 언어치료실을 박차듯 뛰어 나갔고 민수 어머니는 민수를 잡기 위해 따라가던 중이었다. 나는 도망치는 민수 대신 민수 어머니를 붙잡았다. 그녀는 놀란 눈으로 나를 바라보았다. 나는 민수 어머니 대신 민수에게 말을 걸었다.

"민수야, 걸어가야지."

민수 어머니는 부모상담 첫날부터 나에게 부정형 명령은 민수가 알아듣지 못한다는 말을 들어왔다. "안 돼" "뛰지 마" 등의 부정형 명령을 말할 때면 마음이 급한 보호자는 목소리부터 빠르고 높아진다. 그러나 "걸어가" 등의 긍정형으로 명령하면 보호자는 낮고 부드러운 목소리로 천천히 이야기할 수 있다.

자신의 잘못을 깨달은 듯 민수 어머니는 멋쩍은 미소를 짓고 다시 민수에게 긍정형으로 말을 건넸다.

"민수야, 걸어가야지."

부정형으로 명령할 때보다 민수 어머니의 목소리에는 한결 여유가 있었다. 지금까지 어머니의 목소리에 반응하지 않고 멀찍이 달아나던 민수가 그제야 잠시 멈추더니 어머니를 돌아보았다. 하지만 다시 제 일이 바쁜 듯 민수는 뛰어가 버렸다.

2011년은 민수뿐만 아니라 민수 어머니에게도 중요한 한 해였다. 민수는 한국에서는 여러 치료사의 도움을 받을 수 있지만 중국으로 돌아가면 더 이상 체계적인 치료를 받을 수 없었다. 중국에서 민수 어머니 홀로 민수를 가르치기 위해 그녀는 여러 치료사의 몫을 익혀야 했다.

당시 민수는 매주 언어치료 4회, 미술치료 2회, 학습치료 4회, 놀이치료 2회를 받고 있었고 2011년 5월부터는 응용행동분석 ABA에 기초한 행동치료를 주 2회 추가한 상태였다. 행동치료를 추가한 이유는 민수가 극복하지 못했던 문제행동을 수정하기 위해서였다. 그리고 민수 어머니는 부모교육을 통해 앞으로 민수와 함께 생활하면서 겪을 수 있는 어려움을 이겨내는 방법을 구체적으로 배워나가고 있었다.

행동치료사는 처음 민수와 일대일로 수업을 진행하고 난 후 민수의 문제행동을 정확하게 짚었는데, 무엇보다 민수와 어머니의 관계에 우려를 표했다. 행동치료사뿐만 아니라 다른 치료사 모두 민수가 어머니에게 보이는 반응에 대해 걱정을 하고 있던 때였다.

당시 통합전문가회의에서는 미술치료나 놀이치료 시간에 민수 어머니를 수업에 함께 참여시키기로 결정했다. 그녀가 민수의 치료방법과 방향을 익혀야 중국에서도 민수의 수업을 계속 진행할 수 있기 때문이다. 그러나 민수는 치료실은 자신만의 공간이라는 듯 어머니를 강력하게 밀어냈다. 민수의 태도는 행동치료 시간에도 고스란히 나타났다. 민수는 행동치료사가 내리는 지시를 잘 따르다가도 어머니가 들어오면 갑자기 자리를 이탈하고 도망을 가거나 어머니를 때리는 등 격한 반응을 보였다.

이와 같은 주의 끌기 행동은 자폐스펙트럼 장애아동에게 드물지 않게 나타나는 문제행동 중 하나다. 자폐스펙트럼 장애아동은 주위 사람의 눈치를 살피며 자신에게 허용된 행동 범위를 시험하는 이른바 '간보기' 행동을 한다. 이런 행동을 본 보호자는 아이가 치료사 이야기는 잘 듣는데 자신의 말은 듣지 않는 것을 자신을 '약 올리기' 위한 것이라고 오해하여 괴로워하기도 한다. 그러나 그 과정을 잘 살펴보면 오히려 보호자의 태도가 아이의 문제행동을 더 악화시키는 경우가 많다.

치료실에서는 아무리 아이가 떼를 쓰고 고집을 피워도 치료사는 아이의 요구를 들어주는 법이 없다. 대신 치료사는 행동의 원인과 결과에 대해 아이가 이해할 수 있도록 정확히 설명하고 아이 스스로 문제행동을 멈출 수 있도록 시간을 준다. 이러한 과정을 통해 아이는 치료사에게는 떼를 써도 통하지 않는다는 것을 깨닫고 점차 문제행동을 수정해 나간다.

그러나 보호자는 다르다. 아이가 문제행동을 시작하면 보호자는 당황하여 목소리부터 높아진다. 설상가상으로 보호자가 '화'를 내면 아이의 문제행동은 더욱 심해지고, 당황한 보호자는 아이의 행동을 다짜고짜 '제지'한다. 그러나 원인과 결과를 이해하지 못하는 아이는 보호자의 '제지'를 받아들이지 않고 불에 기름을 붓듯 오히려 문제행동이 극에 달한다. 아이의 떼쓰기를 더 이상 제지할 수 없다고 판단한 부모는 결국 아이의 '요구'를 들어주게 되고, 이 과정을 통해 아이는 부모에게 떼를 쓰면 자신이 원하는 것을 충분히 얻을 수 있다고 인식해 버린다.

이러한 과정을 통해 자폐스펙트럼 장애아동과 보호자는 이른바 '애증 관계'를 형성한다. 아무리 주변 환경에 대한 이해가 부족하고 다른 사람에게 관심이 없는 아이라도 보호자가 없으면 자신이 생활할 수 없다는 것을 본능적으로 알고 있다. 보호자의 필요성도 알고 애착도 있지만, 그것이 꼭 긍정적이지만은 않다.

자폐스펙트럼 장애아동에게 보호자는 자신에게 가장 편한 존재다. 그렇기 때문에 온종일 여러 상황에서 발생하는 제지와 금지 속에서 하루를 보낸 아이는 그 스트레스를 가장 편한 존재인 보호자에게 쏟아내는 경우가 많다. 아이의 문제행동을 적절히 중재할 수 없는 보호자는 그런 아이로 인해 스트레스를 받게 되고, 그 스트레스를 다시 아동에게 쏟아낸다. 이 과정을 반복할수록 아이와 보호자는 서로에게 가장 소중한 존재이지만 고슴도치처럼 가까이 갈수록 서로에게 상처를 입히는 관계가 되는 것이다. 민수와 민수 어머니의 애증 관계 역시 민수의 전반적 기능이 발달할수록 점점 더 격렬하게 나타났다.

우리는 행동치료 시간에 민수가 좋아하는 놀이나 간식 등을 활용하여 민수가 어려워하는 '지시 따르기' '기다리기' '충동 조절하기' 등의 연습을 진행하였다. 민수는 치료사의 지시를 어려워하면서도 자신이 좋아하는 보상을 받기 위해 치료사의 말을 따라 하려고 노력했다. 그러나 어머니가 치료실에 들어가면 치료사도 민수를 통제할 수 없었다. 치료시간 초기에는 더욱 심했다. 민수는 자리를 이탈하여 치료실 문을 열고 나가기도 했고, 장난감을 던지고 치료사의 지시를 완강히 거부하며 어머니가 치료실 밖으로 나가길 요구했다. 치료실뿐만 아니라 어린이집에서도 잘 놀고 있다가도 어머니가 나타나면 민수는 어머니의 눈을 쳐다보며 다른 아이를 미는 등 과격한 행동을 보였다.

이런 민수의 문제행동은 꼭 해결해야 할 급하고 중요한 과제였지만, 어른의 욕심처럼 빠른 시일 내에 단번에 해결할 수는 없었다. 그래도 민수 어머니는 포기하지 않았다. 꾸준히 민수의 치료 수업에 들어가 처음에는 멀리서 관찰하는 것부터 하기 시작했고 점점 아이가 좋아하는 활동에 참여하기 시작했다. 한 달 넘게 어머니의 수업참여를 거부하던 민수의 태도는 6월이 지나면서 조금씩 변화하기 시작했다.

"이거 엄마랑 해볼래?"

민수가 좋아하는 축구 보드게임을 진행할 때였다. 핸들을 세게 쳐 공을 때리면 소리를 내며 공이 날아가기 때문에 민수는 축구 보드게임을 매우 좋아하고 있었다. 민수가 좋아하는 만큼 민수 어머니가 함께해도 별 거부감이 없을 것으로 치료사는 판단

● '행동치료' 활동 중 점토놀이를 민수는 좋아했다.
2월 13일을 점토로 표현했다

하였다. 치료시간 내내 치료실 한 편에서 조용히 자리를 지키고 있던 민수 어머니가 민수의 반대편에서 핸들을 잡았다.

민수와 민수 어머니가 잡은 핸들에 축구공이 부딪칠 때마다 투닥거리는 소리가 울렸고 그 소리가 즐거운 듯 민수의 웃음소리도 높아졌다. 오랫동안 자신을 거부하는 민수 때문에 가슴 졸이던 민수 어머니도 희미한 미소를 지었다. 그러나 첫술에 배부를 수는 없었다. 그 후 민수는 점토놀이와 기차놀이, 컴퓨터놀이 등 자신이 좋아하는 활동에 조금씩 어머니를 받아들였다. 그러다가도 어머니가 다른 치료실에서 수업을 지켜보려 하면 침을 뱉고 도망가는 등 어머니와 활동을 함께하는 것은 거부하기도 했다.

오랜 시간 학습된 문제행동은 한 번에 완전히 없어지지 않는다. 꾸준한 치료를 통해 조금씩 줄어들 뿐이다. 이렇게 즐거움과 좌절을 수차례 반복하며 아이의 문제행동은 조금씩 나아진다.

타인 앞에서 자식에게 거부당하는 경험은 부모의 가슴에 깊은 상처를 남긴다. 이 지루하고 쓰린 경험은 아픈 만큼 민수 어머니를 변화시켰다. 아이의 문제행동을 고치기 위해서는 먼저 보호자가 행동을 바꾸어야 한다. 민수 어머니는 꾸준한 부모상담을 통해 민수에게 긍정형 문장으로 이야기하고 민수의 작은 것도 칭찬하며 민수를 대하는 자신의 행동을 스스로 평가하는 시간을 가졌다.

민수 어머니는 언제나 그렇듯 치료사들이 내준 숙제를 매우 성실히 수행하였다. 그러나 말투와 습관을 하루아침에 바꾸는 것은 어려운 일이다. 아이가 장애가 있음을 진단받고, 자신의 기준과 욕심에 미치지 못하는 아이에게 지시와 금지를 통해 문제를 수정하려고 했던 그 긴 시간을 한꺼번에 다 바꿀 수는 없다. 새로운 치료에 힘들어했던 민수처럼, 민수 어머니도 자신의 필요와 당위를 내려놓고 민수의 마음을 살피기 위한 훈련을 하며 어려운 시간을 보내고 있었다.

## 전문가 코너 ⑳
## 응용행동분석 ABA

행동치료는 응용행동분석에 기초한 치료방법이다. 응용행동분석은 자폐아동을 위한 연구로 시작되지는 않았지만, 지난 30여 년간의 연구를 통해 자폐아동의 문제행동을 줄이고 적절한 행동을 늘리는 데 효과적이라는 것이 입증되면서 자폐아동의 문제행동 수정에 활용되고 있다.

아이들의 문제행동에는 다양한 기능이 있는데, 행동치료에서는 문제행동을 다룰 때 그 '기능'에 집중하여 같은 형태의 행동이라도 그 기능에 따라 다른 대응 방식을 선택한다. 부모교육에서는 아이들의 행동을 잘 관찰하고 분석하여 문제행동의 기능을 파악한 후 적절한 선택을 하도록 교육한다.

많은 부모가 내 아이가 '잘' 참고 '잘' 기다리는 동안에는 관심을 두지 않고, 아이가 문제행동을 일으켜야 비로소 관심을 기울인다. 이런 태도는 아이의 문제행동을 강화시킬 수 있다.

행동치료는 부모가 선제전략을 세우는 방법을 알려주는 치료이기도 하다. 따라서 아이가 문제행동을 하지 않을 때는 반드시 칭찬하고 보상하도록 한다. 이렇게 되면 아이는 문제행동을 일으키지 않으면 부모로부터 칭찬과 보상을 얻을 수 있고, 문제행동을 일으키면 아무것도 얻을 수 없다는 것을 인지할 수 있게 된다. 응용행동분석은 아이가 더 이상 문제행동을 하지 않도록 동기부여를 하는 것에 그 목적이 있다.

## 나무가 아닌 숲을 보라

2011년, 민수는 새로운 치료사와 적응하기 위해 좌충우돌 애를 썼지만, 익숙한 치료사의 치료시간에도 또 다른 문제행동을 보이기 시작했다.

"선생님! 에스커(에스컬레이터) 고장 났어. 수리 아저씨, 수리."

만 3세면 쉽게 따라 하는 역할놀이를 민수는 어려워했다. 타인의 관점에서 상황을 파악하는 것이 어려운 자폐스펙트럼 장애아동은 역할놀이를 통해 사회성을 기른다. 그만큼 역할놀이는 이해하기 어렵고 복잡한 놀이이기도 하다. 역할놀이를 하기 위해서는 사회적 상황을 이해하고 관심을 가져야 하며, 자신이 아닌 누군가가 되어 말하는 상징을 이해해야 한다. 또한 타인의 말을 듣고 적절히 반응해야 하며, 자신이 좋아하지 않더라도 놀이에 관심을 갖고 일련의 놀이 순서에 따라 대답하거나 자신의 정서를 인형을 통해서 대답해야 한다. 민수는 치료사의 꾸준한 유도와 제시에도 좀처럼 역할 상징을 이해하지 못했는데, 말 그대로 '어느 날 갑자기' 역할의 상징을 이해하고 역할놀이를 시작하였다.

놀이치료사는 이때를 놓치지 않고 수리기사 아저씨로 변신했다. 망치로 에스컬레이터를 통통 치면서 수리기사 아저씨 역할을 끝내고, 잠시 후 민수와 역할을 바꾸어서 진행했다.

● 민수가 그린 수리기사 아저씨(왼쪽), 미술치료 초기에 그린 인물화(오른쪽)와 비교하면 한결 사람답게 그리고 표정까지 표현할 만큼 민수가 발전했음을 알 수 있다

"민수야, 선생님 자동차가 고장 났어. 수리해 주세요!"

놀이치료사가 수리를 요구하자 역할이 바뀌는 것이 어려운 듯 민수는 당황한 표정을 지었지만 이내 곧 망치를 들고 다가와 치료사의 자동차를 고쳐주었다. 치료사의 행동을 따라 망치로 자동차를 톡톡 치는 작은 행동에 불과했지만, 민수가 처음으로 역할놀이를 받아들인 순간이었다. 그 이후 수리기사 아저씨, 놀러 온 친구, 아줌마, 아저씨 등 민수는 자신이 알고 있는 모든 사람이 되어 치료실에 있는 인형과 대사를 주고받았다. 역할놀이를 통해 민수는 자신이 경험해보지 못한 새로운 환경에 적응하고 있었다.

역할놀이를 할 수 있게 된 민수는 자신의 일상을 좀 더 다양하고 세세하게 표현하기 시작하였다. 역할놀이 덕분에 민수의 언어는 다시 눈에 띄게 발달하여, 어린이집에서의 일을 회상하는 활동에서 민수는 문장 안에 조사를 활용하여 긴 문장으로 치료사에게 이야기를 전할 수 있게 되었다.

"승환이 민수(랑) 태환이 장난감을 빼어갔어. (그래서) 승환이 (가) 도망갔어."

이 시기에는 대화 중 자발적으로 'ㄱ' 계열 소리가 가끔 관찰되면서 오랫동안 민수의 발음 문제로 고민하던 언어치료사가 안도의 한숨을 내쉬기도 했다.

또한 민수는 이 시기 소유의 개념도 완전히 깨달았다. 충동적인 성향이 강한 자폐스펙트럼 장애아동의 경우 소유의 개념을 이해하지 못한다. 일반아동은 성장 과정에서 내 것과 남의 것에 대한 소유개념이 사회적 상호작용을 통해 개념화된다. 그러나 자폐스펙트럼 장애아동은 사회적 상호작용을 해야 하는 2~3세 시기에 자폐스펙트럼 장애라는 문제 때문에 사회적 경험을 할 기회가 없으므로 소유의 개념도 배우지 못한다. 사회성이 부족하고 타인에게도 무관심한 자폐스펙트럼 장애아동에게는 '누구의 것'은 중요하지 않다. 자신이 궁금한 것과 하고 싶은 것만 중요하고 자신의 욕구에 따라 서슴없이 다른 사람의 것을 만지거나 빼앗는다. 그래서 민수는 소유의 개념 또한 꾸준한 교육과 훈련을 통해 배워야 했다.

"민수야, 이거 누구 빵이야?"

"선생님 빵."

"선생님 빵 먹으면 돼?"

"안 돼."

지속적인 교육과 훈련을 통해 드디어 민수도 소유의 개념을 이해하기 시작했고 곧 그에 걸맞은 행동을 하게 되었다. 그전까지 민수는 어린이집에서 친구의 물건을 허락 없이 만져 친구들의 불만을 사고 있었다. 하지만 치료실에서 민수가 내 것과 남의 것을 구분할 수 있게 되자 어린이집에서 보이는 문제행동도 점점 사라지게 되었다. 그러나 하나의 문제행동이 사라지자 반사작용처럼 민수에게 또 다른 문제행동이 나타났다.

"민수야 손 내려."

나와 상담중인 어머니를 기다리던 민수는 상담 시간이 길어지자 자신의 손톱을 물어뜯기 시작했다. 나는 민수에게 손을 내리라고 말한 후 민수의 손을 살폈다. 여기저기 상처투성이인 손톱이 민수의 마음을 대변하고 있는 것 같았다. 손톱을 물어뜯는 행동은 장애아동이든 일반아동이든 스트레스 때문에 발생하는 경우가 많다.

"에휴~, 민수가 스트레스를 많이 받나 봐요."

나도 모르게 한숨이 새어나왔다.

2011년 12월 민수가 중국으로 돌아가기 전까지 한정된 시간 안에 좀 더 많은 것을 가르쳐 주고 싶었던 우리는 민수의 수준보다 더 높은 목표를 세운 후 민수의 잠재력을 이끌어내기 위해 노력하고 있었다. 치료사들의 노력만큼 민수의 인지·학습 수준은 빠르게 발전하고 있었지만, 스트레스로 인해 손톱을 물어뜯는 부작용이 나타난 것이다.

숫자 연산이나 회상하기 등 대답하기 어려운 질문을 받으면 민수는 손톱을 입에 대고 물어뜯었다. 끝이 얼마 남지 않은 손톱을 물면 손에 상처가 나고, 상처가 나면 상처를 후비며 물어뜯는 일이 반복되다 보니 상처가 낫지 않았다. 그때 일곱 살 민수는 어른이 바라고 기대하는 것을 따라가기 벅찬 모양이었다. 그렇다고 치료를 중단할 수는 없었다. 우리는 스트레스 요인에서 민수를 '분리'하는 것이 아니라, 그 스트레스를 '관리'하고 '조절'하는 능력을 심어주기로 했다.

통합전문가회의의 결정에 따라 다른 치료시간의 변화 없이 우선 언어치료 시간 중 주1회 치료를 모래놀이실에서 진행하기로 결정했다. 모래놀이실에서의 언어치료가 민수의 불안과 스트레스를 해소하는 데 도움이 될 것이라고 판단했다. 모래놀이 치료실에서 그날의 주제를 정하고, 그 주제 내에서 민수가 인형을 가지고 이야기하는 등 최대한 부드럽고 편안한 분위기에서 언어치료 시간을 진행했다.

● 말로 표현하는 것이 어려운 민수의 불안과 긴장을 모래 상자에 표현하고, 언어표현을 촉진하기 위해 주1회 언어치료가 진행되었던 모래놀이 치료실

민수는 인형 하나에 친구 태환의 이름을 붙이더니, 태환이라고 이름 붙인 인형이 배에서 다이빙하는 행동을 하면서 "수영해"라고 큰 소리로 말했다.

"태환이랑 돌고래랑 친하니?"

치료사는 돌고래 인형을 태환에게 가져가며 민수의 놀이에 맞추어 이야기를 이어 갔다.

치료사의 반응에 민수는 신이 난 듯 태환이랑 돌고래를 같이 수영시켰다.

"안 물어, 안 물어."

오랜만에 민수의 웃음소리가 치료실을 가득 채웠다.

민수의 새로운 문제행동 때문에 통합전문가회의가 진행됐을 때 우리는 잠시 할 말을 잃었다. 모든 전문가가 인지발달에 초점을 맞추다 보니 민수가 하는 말을 들으려 하지 않았던 것이다. 우리는 인지 학습이라는 나무 하나를 돌보느라 민수의 전반적 발달이라는 '숲'을 보지 못하고 있었다. 성과는 결과가 아닌 과정 속에서 얻는 것이라는 진실을 왜 자꾸 잊는 것인지…… 자꾸 짧아지는 민수의 손톱이 우리 모두를 반성하게 해주었다.

## 전문가 코너 ㉑
## 손톱 물어뜯기

손톱 물어뜯기는 자폐스펙트럼 장애아동 뿐만 아니라 일반아동에게서도 흔히 관찰할 수 있는 행동이다. 자폐스펙트럼 장애아동의 경우, 자극을 추구하기 위한 행동일 수도 있고 민수와 같이 심리적 억압상태를 표현하는 행동일 수도 있다.

손톱을 물어뜯는 행동을 고치기 위해 보호자가 아이에게 잔소리를 하거나 행동을 금지시키는 것은 별 도움이 되지 못한다. 오히려 아이에게 불안을 가중시켜 손톱을 물어뜯는 행동이 강화될 수도 있다.

아이가 손톱을 물어뜯을 때 다른 행동을 유도하여 손톱에서 관심을 돌려야 한다. 자유로운 공간에서 아이 스스로 좋아하는 것을 선택하여 생활할 수 있도록 하는 것이 가장 좋은 해결책이다. 그러나 민수와 같이 환경의 변화가 어려운 경우 공격적인 충동을 긍정적으로 발산할 필요가 있다. 예를 들어 모래놀이를 하거나 종이를 찢는 등 활동적이고 파괴적인 경험을 통해 아이 안에 내재된 불안과 두려움을 해소하는 것이 도움이 된다.

## 민수는 수다쟁이

 2011년 5월과 6월은 놀이치료사의 사정으로 민수의 놀이치료가 한동안 중단된 시기였다. 민수는 7월이 되어서야 놀이치료사를 다시 만났다. 가장 오랜 시간 민수의 치료를 담당했던 놀이치료사를 보자마자 민수는 그간 자신의 이야기를 늘어놓기 바빴다.
 "친구들이랑 지하철에서 도망갔어. 걱정했어."
 두 달 만에 만난 민수는 발음도 또렷해지고 정서가 포함된 말도 늘어, 놀이치료사는 두 달의 공백이 오히려 민수가 얼마나 발전했는지 깨닫는 계기가 되었다고 말했다. 그러나 아직 민수는 일방적으로 자신의 이야기를 할 뿐, 대화를 이어갈 수준은 되지 못했다. 특히 민수는 새로운 단어를 알아갈수록 말하고 싶은 욕구도 늘어서 다른 사람의 말을 도통 들으려고 하지 않았다.
 통합전문가회의에서 민수의 태도에 '정서교육'을 강화하자는 의견이 나왔다. 민수가 자신이 정서를 표현하는 것은 다른 사람의 정서를 깨닫는 데도 중요한 단서가 된다. 자신과 타인의 감정에 맞추어서 행동하는 방법을 배우는 정서교육은 자폐스펙트럼 장애아동이 사회에 적응하는 데 꼭 필요한 기술이다. 놀이치료사는 민수에게 행복, 화남, 슬픔, 놀람, 두려움과 같은 기본적인 정서 교육을 지도했다. 그렇지만 다른 사람의 정서를 살피는, '눈치'라고 불리는 이 사회적 기술은 민수가 좀처럼 늘지 않는 것 중 하나였다.

"민수야, 화를 낼 때는 큰 소리로 말해야지. 발도 쿵! 쿵! 이렇게 굴러서 이야기하는 거야. 나 화났어!"

"민수야, 슬플 때는 입꼬리를 아래로 내려야지. 웃으며 슬퍼하는 사람이 어딨어? 민수야, 다시 해보자. 슬퍼요~."

자신이나 타인의 정서에 무관심한 전형적인 자폐스펙트럼 장애 증상을 가진 민수는 정서훈련을 힘들어했다. 치료사의 지시에 겨우 따라 하긴 했지만 오래 집중하지는 못하였다.

그러나 뇌는 신비한 능력을 지녔다. 행복하지 않아도 자꾸 소리 내어 웃으면 행복한 호르몬인 '엔도르핀'이 분비된다는 연구 결과처럼, 정서 또한 표정과 행동으로 꾸준히 연습하면 그 마음도 조금씩 느낄 수 있게 된다. 꾸준한 놀이치료와 언어치료를 통해 정서를 공부한 민수는 한여름 뜨거운 햇볕에 열매가 여물 듯 정서표현 역시 조금씩 자라나고 있었다.

"김태완이 이민수 장난감 뺏어 갔어요. 이민수 슬펐어요. 화가 나요. 선생님이 생각해 보래요."

치료시간 전에 원장실로 또르르 달려온 민수는 어린이집에서 있었던 이야기를 늘어놓으며 자신의 편을 들어달라는 듯이 불쌍한 표정을 지었다.

"점심 안 먹었어요."

"왜 안 먹었어요?"

"선생님이 먹지 마."

● 민수가 그린 친구의 모습. 거칠게 그은 선에서 친구에게 화가 났다는 민수의 감정 표현을 느낄 수 있었다

장난을 치느라 자신이 점심시간 때를 놓치고는 어린이집 선생님의 핑계를 대는 모습을 보니 민수에게도 또래 일곱 살짜리의

천진함이 묻어나기 시작하는 것 같아 나는 뿌듯함을 느꼈다.

"엄마 컵 깼어요. 화가 나요."

그런데 발음이 점점 정확해지면서 민수의 언어 표현에 있어 문제도 드러났다. 민수는 조사를 생략했다. 단어에 따라 변신하는 변화무쌍한 조사에 민수는 쉽게 적응하지 못했다. 하고 싶은 이야기가 많아진 민수는 조사를 틀려도 굴하지 않고 자발적으로 하고 싶은 이야기를 표현하며 다른 사람에게 자신의 의사를 전달하려고 노력했다. 그러면서 의문사 '누구'와 '무엇'에 대한 대답이 정교해지고 '어떻게' '왜'처럼 사건의 인과관계를 이해하고 유추해야 하는 질문에도 조금씩 답할 수 있게 되었다. 또한 "26일에 어린이집에서 버스 타고 소풍 가요" 등의 시간개념을 담은 이야기도 조금씩 다른 사람에게 전할 수 있게 되었다.

어린이집에서도 친구와 싸우거나 울면 "승민아 울지마"라고 친구를 달래기도 하고 "동규가 때려요"라며 선생님에게 친구의 잘못된 행동을 이르기도 했다. 아직 기초적인 단계였지만, 민수가 다른 사람의 정서에 조금씩 반응하기 시작한 것이다.

"민수랑 엄마랑 선화랑 지혜랑 할머니랑 극장 갔어. 똥을 봤어요. 머리에 있어요. 선화가 민수 때렸어. 민수 선화를 때렸어. 선화가 울었어. (민수는 마음이) 아팠어."

극장에서 처음으로 아무런 부적응행동 없이 무사히 「누가 내 머리에 똥 쌌어」를 보고 온 후, 민수는 치료사에게 극장에 다녀온 이야기를 자랑했다. 만 3세 가온반 때는 인형극을 보러 간 극장에서 몇 분 지나지 않아 뛰쳐나왔기 때문에 장애전담 교사가 민수를 안고 인형극을 보아야 했다. 그런데 이제 민수는 새로운 상황에도 부적응행동을 하지 않을 만큼 훌쩍 성장해 있었다. 그러나 자신에게 인상적이었던 이야기를 두서없이 말을 했기 때문에 우리는 늘 어머니에게 민수의 이야기를 다시 확인해야 했다. 앞의 이야기도 선화와 할머니는 극장에 가지 않았는데, 어린이집에서 선화와 다툰 것이 마음에 걸렸는지 극장 이야기에 덧붙인 것 같다고 민수 어머니가 설명해 주었다. 민수가 친구에 대한 관심도 높아지고 표현도 자세해지면서 어머니는 자신의 행동을 조심하게 되었다고 말하였다.

"애들 앞에서는 말조심해야 한다고 하던데, 맞는 말이네요. 민수가 별별 이야기를 다해서 창피해요. 이제 집에서도 조심해야겠어요."

민수가 엉뚱한 오해를 한 이야기는 물론 시시콜콜한 집안의 이야기도 치료사에게 그대로 전하자 민수 어머니는 곤혹스럽다고 이야기했지만, 눈빛에는 민수에 대한 자랑이 묻어 있었다.

"분홍색은 여자 꺼! 민수는 남자, 여자 꺼 안 입어요."

추석을 맞아 어머니가 미리 준비한 한복을 꺼내놓자 민수가 팽 토라져서 한복을 입지 않겠다고 선언했다. 말의 표현과 감정에 익숙해지며 자신의 생각과 의견을 또렷하게 말로 표현할 수 있게 되자 여자 색인 분홍색 바지는 입지 않겠다고 고집을 피운 것이다. 민수의 또래다운 천진한 반응에 치료사들이 소리 내어 웃자 민수는 궁금한 표정을 지었다.

"민수는 멋있어서 분홍색을 입어도 남자야."

그러자 민수는 신이 나서 친구들의 한복 색깔을 하나하나 늘어놓았다. 자신의 말에 어머니와 치료사들의 웃음소리가 더욱 높아지자 덩달아 신이 난 듯 어린이집 모든 친구의 한복 색깔을 읊을 듯한 기세였다.

처음 한국에 왔을 때는 전혀 말을 하지 못했던 민수, 언어발달이 늦어 어머니는 물론 모든 치료사를 걱정하게 했던 민수는 어느새 일곱 살다운 수다쟁이가 되어 있었다. 미주알고주알 자신이 아는 이야기를 있는 힘껏 전하는 수다쟁이 민수의 모습에 민수 어머니와 나는 그동안의 걱정을 내려놓고 한참을 웃었다.

## 왜 나한테만 그래요?

 말고 늘도 손톱을 물어뜯는 부적응행동도 많이 좋아진 민수의 남은 치료는 제한된 치료실을 넘어 다양한 장소에서 진행되었다. 중국으로의 출국을 앞두고 더 이상 치료실에서만 교육을 진행할 수는 없다고 판단한 것이다. 행동치료사는 민수의 충동을 자제하고 장소에 맞는 행동을 가르치기 위해 '도서관'과 '식당' '체육관' 등 다양한 장소에서 민수를 훈련했고, 민수 어머니도 부모교육과 상담시간에 낯선 장소에서 민수를 대하는 올바른 방법을 교육받았다.
 한동안 제한된 어휘력에 머물며 새로운 단어에 대한 거부감을 갖고 있던 민수는 치료사와 함께 읽는 책을 통해 어휘력도 점점 키웠다. 어느새 민수는 행동치료사만 보면 손을 잡고 도서관에 데려다 달라고 졸라댔다. 이제는 모르는 사람이 오랜 시간 눈여겨보지 않으면 이 아이에게 자폐스펙트럼 장애가 있다는 것을 눈치 채지 못할 만큼 민수는 많이 성장하였다.

다만, 다양한 영역에서 기대 이상의 성장을 보여준 민수지만 또래 친구와의 관계는 변화가 없는 것이 우리는 아쉬웠다. 장애통합반에서는 '친구'의 개념을 '자신과 비슷한 아이'로 아는 듯 일반아동보다 장애아동과 더 가까이 지내고 함께 노는 시간이 많았다. 그러나 일반반에 진학하면서 민수는 자신보다 발달이 빠른 또래 일반아이들에게 거리를 두고 있었다.

민수는 어린이집을 벗어나면 교사의 핸드폰으로 촬영한 같은 반 친구들의 사진을 보며 이름을 하나하나 부르는 등 친구들에 대한 관심을 표명했다. 그러나 어린이집에서는 그러지 않았다. 블록 놀이를 할 때면 친구들 틈에서 놀이를 바라보기만 하고, 친구들이 게임을 하는 모습을 물끄러미 쳐다보기만 할 뿐 어울리지 못하였다. 일반아동과 어울리기 어려워하는 모습은 일반반으로 진학이 결정되면서 이미 예상했던 일이었다. 어린이집 교사와 지속적인 회의를 통해 민수가 일반아동과 함께 놀 수 있도록 일반아동의 지도를 부탁했다. 어린이집 교사의 지도로 친구들이 민수에게 규칙을 가르쳐주고 함께 어울리려고 시도했지만, 민수는 규칙을 지켜가며 놀이를 지속할 만큼의 인지 기능이 발달하지 않고 사회성이 부족해서 친구들과 함께 어울릴 수 없었다.

또래 친구에 관한 관심도 크고 함께 놀고 싶은 욕구도 컸지만 실제 어울리지 못하는 스트레스 때문인지 민수에게는 부적절한 반응이 전보다 더 크게 나타났다. 상대방의 반응과 상관없이 친구를 끌어안거나 때리고 웃으며 도망가는 행동은 전보다 심해지면 심해졌지 나아질 기미가 보이지 않았다. 친구를 괴롭히는 것처럼 보이는 이런 행동은 다른 사람들의 정서를 공감하는 능력이 부족해서 벌어진 결과였다. 친구가 좋아하는지 싫어하는지 알 수 없는 민수는 자신의 행동에 반응하는 친구의 모습이 재미있고 신이 났을 뿐이다. 친구를 괴롭히면 친구가 쫓아오거나 화를 내는 것이 민수에게는 흥미진진한 상호작용 방식으로 굳어져 버린 것이다.

친구와 놀고 싶을 때는 어떻게 표현해야 하는지, 친구에게 화를 냈을 때는 어떻게 사과해야 하는지 등을 치료실에서 치료사와 수없이 연습했지만 어른과의 연습보다는 친구의 실제 반응을 더 재미있다고 여기는 듯했다. 늘지 않는 민수의 사회적 대처기술을 어떻게 발달시킬 수 있을까 고민하던 중 뜻밖의 좋은 기회가 찾아왔다.

"원장님, 민수 친구가 연구원에 와서 같이 놀 수 있을 것 같아요."

지난겨울, 역통합수업으로 민수의 사회성 향상을 눈으로 목격한 민수 어머니가 이번에는 직접 역통합수업을 함께할 '짝'을 찾아왔다. 민수와 지난해 어린이집 같은 반에서 교육받았고, 민수가 아주 좋아하는 친구인 찬우라고 소개했다. 찬우는 작고 마른 체구에 위축되고 소심한 아이였다. 민수는 찬우를 만나자마자 반가운 듯 신체적 접근부터 시도했다. 치료사가 제지하면 찬우를 놓아주었지만 곧 치료사의 눈치를 보며 찬우를 끌어안거나 팔짱을 끼는 등 부적절한 행동을 이어갔다. 찬우는 그런 민수의 행동에 치료 시간 내내 아무런 반응을 보이지 않았다. 찬우는 자신을 끌어안는 민수에게 거부의 표현도 하지 않고 민수와 치료사가 비눗방울 놀이와 기찻길 놀이를 하면서 신나게 노는 동안에도 교실구석에 가만히 앉아 치료시간이 끝나기만 바라는 눈치였다.

첫 역통합수업이 끝난 후 놀이치료사가 녹초가 된 얼굴로 나를 찾았다.

"원장님, 어떻게 해야 할지 모르겠어요. 민수는 찬우랑 몸으로만 놀려고 하고, 찬우는 아무것도 안 하고…… 이제 곧 민수는 중국으로 돌아갈 텐데, 괜히 시간만 버리는 것이 아닌가 싶어요."

하루하루 민수의 출국날이 다가오면서 치료사들도 애가 타기는 마찬가지였다. 제한된 시간 내에 하나라도 더 많은 것을 가르치고 싶은 마음에 큰 그림을 보지 못하고 있었다.

"애도 엄마도 조급한데, 선생님까지 그러면 어떻게 해요! 낯선 공간에서 낯선 선생님과 공부를 하는 것이 찬우도 불편했겠지요. 여유를 가지고 찬우한테도 시간을 주세요."

민수에게만 시선을 고정했던 놀이치료사는 나의 충고를 듣고 찬우를 돌아보기 시작했다. 역통합수업은 민수의 발전을 위해 찬우가 도와주는 것이 아니라, 민수와 찬우 모두에게 도움이 되는 시간이 되어야 한다. 놀이치료사는 역통합수업의 의의를 다시 깨달았고, 두 소년의 귀한 시간을 활용하기 위한 다양한 치료 계획을 세웠다.

내 예상대로 역통합수업 바로 다음 시간부터 치료사가 찬우에게 관심을 가지자 찬우는 조금씩 놀이에 참여하며 치료사의 지시에 따라 민수와 상호작용하기 시작했다. 그러나 이번에는 민수가 말썽이었다. 조금씩 다가오는 친구에게 전혀 관심을 보이지 않았고 자신의 놀이에 빠져 산만한 모습이었다. 두 번째 역통합수업을 마치고 나서 나와 놀이치료사는 민수와 찬우의 역통합수업 계획을 세웠다.

찬우는 이른바 '거절을 못하는 소심한 아이'였다. 민수와 모래놀이를 하는 동안에도 놀이치료사의 개입이 없으면 자신의 의사를 전혀 표현하지 않았다. 민수에게 장난감을 뺏기고도 아무 말 없이 묵묵히 서서 "괜찮다"라고만 말했다. 어른들에게는 '착하고 어른스런 아이'처럼 보이겠지만 민수에게도, 찬우 자신에게도 이는 바람직한 모습이 아니었다. 이번 역통합수업 시간을 통해 민수는 개별 치료시간에 치료사와 연습했던 사회성을 친구에게 연습해야 했으며, 찬우는 자신감 향상을 통해 자기주장을 연습할 기회를 만들어야 했다.

"민수가 네 장난감 다 빼앗아 갔는데, 찬우 너는 민수에게 '하지 마!'라고 해야지."

놀이치료사의 유도에 찬우는 간신히 입을 뗐지만 민수가 반응을 보이기엔 지나치게 작고 자신 없는 목소리였다.

"찬우야, 더 크게, '하지 마!' 라고 말해줘."

치료사가 찬우에게 자신감을 불어넣어 주었지만 찬우의 목소리는 쉽게 커지지 않았다. 그러나 한 번, 두 번 수업이 진행되면서 찬우의 목소리에도 자신감이 붙었고, 한 달이 지나자 찬우는 민수에게 명확하게 자신의 의사를 표현할 수 있게 되었다. 자신의 요구를 늘 받아주던 친구가 거절의 의사를 밝히고 싫은 표현을 하기 시작하자, 민수는 다시 부적절한 행동을 하기 시작했다. 민수는 개별 치료시간에 연습한 '말' 대신 친구를 때리거나 물건을 빼앗는 부적절한 행동을 일삼았다. 그럴 때마다 치료사의 제지가 이어졌다.

"민수야, 때리지 말고 말로 해. '나 화났어!'라고 이야기하면 돼."

그렇지만 민수의 행동은 쉽게 바뀌지 않았다. 치료사가 제지하지 않으면 민수는 말보다 쉽고 빠른 행동으로 자신의 감정을 표현했다. 더욱이 이 시기는 자아에 대한 인식이 강해지면서 다소 반항적인 문제행동을 보이기 시작할 때였다. 제지하고 금지하는 치료사에게 보란 듯이 민수는 치료사가 싫어할 만한 행동을 하거나 지시를 반대로 수행했다. 민수의 눈빛은 '왜 자꾸 나한테만 그래요!'라고 이야기 하는 것처럼 반항기로 가득했다.

한국에 체류할 수 있는 기간이 짧아질수록 민수 어머니와 치료사의 기대는 한층 높아졌고, 그 기대가 힘들어진 민수는 이제는 쉬고 싶다는 마음을 반항기 가득한 눈빛으로 우리에게 전하고 있었다. 늘 치료사의 제안에 두 말없이 따르던 민수는 어느새 치료사의 지시를 반대로 수행하는 청개구리가 되어가고 있었다. 이제 두어 달밖에 남지 않은 민수에게는 다른 치료방법이 필요했다.

## 긍정적인 자아 형성의 중요성

그래도 민수는 연구원이나 어린이집에서는 치료사의 지시나 요구를 잘 받아들이는 편이었다. 민수의 청개구리 행동은 어머니와 있을 때 특히 두드러졌다. 한 번은 어머니와 함께 태블릿 PC를 가지고 놀며 민수가 선호하는 과제를 함께하는 연습을 통해 모자 관계를 개선해 나가는 치료를 하고 있었는데, 갑자기 민수가 강력하게 어머니에 대한 거부반응을 보였다. 또한 오랜만에 어머니가 행동치료 시간에 참관하자 갑자기 자리를 이탈하고 어머니에게 장난감을 던지고 침을 뱉는 부적응행동을 20여 분간 지속하였다. 그뿐만 아니라 어머니의 지시를 따르기 싫을 때는 더 위험한 행동을 하며 반항적인 시선으로 어머니를 바라보기도 했다. 그렇지만 이전의 무조건적인 거부반응과 달리 감정과 행동으로 자신을 조절하려는 시도를 보인 것이 불행 중 다행이라면 다행이었다.

한국에 남아 있을 수 있는 얼마 남지 않은 시간, 우리는 민수에게 진정 필요한 것은 무엇인지 알아보고 판단하는 길고 긴 통합전문가회의를 다시 시작했다. 지금 덧셈 하나를 더 가르치고 단어 하나를 더 가르친다고 해도 민수가 일반아동의 수준을 따라잡을 수는 없을 것이다. 이제는 민수의 스트레스를 해소하고 긍정적인 자아 형성을 돕는 것이 필요했다. 아직 부족하고 모자란 것이 많았지만, 부족한 점에 집중하여 민수에게 스트레스를 주기보다 오랫동안 기억에 남을 따뜻한 추억을 하나라도 더 선물하는 것이 좋겠다고 우리는 결론을 내렸다.

통합전문가회의의 결정으로 미술치료 시간에는 '회상하기'와 '인물화 그리기' 등 민수의 심리적인 안정과 집중력 향상을 목표로 치료를 진행했다. 그러자 충동적인 행동이 줄고 차분해지며 민수 스스로 여유를 찾기 시작했다. 어른의 욕심에 제자리를 잃었던 민수가 제자리를 찾은 것 같았다.

"얘기해요."

스트레스로 인한 부적응행동 기간 동안에는 치료시간에 회상하기를 시도하면 꼭 다문 조개처럼 입을 닫고 좀처럼 이야기하지 않으려고 하던 민수가 미술치료 시간이 끝나기 전, 자리에 앉아 스스로 먼저 치료사를 재촉했다.

"민수, 오늘 뭐 했어?"

치료사의 질문에 민수는 기다렸다는 듯이 이야기를 해 나갔다.

"나무 그림 그렸어요. 친구 얼굴 그렸어요. 핑거페인팅 했어요."

답을 끝낸 민수는 오랜만에 스스로 먼저 치료사와 눈을 맞추며 칭찬을 기다렸다.

"오늘 민수가 한 활동을 다 기억하네, 민수 최고!"

다시 다정한 소년으로 돌아온 민수는 치료사와 굿바이 인사를 나누고 얌전히 미술치료실을 나왔다.

● 치료 초기 달랑 사각형 하나로 시작했던 아파트 그림이
주변 환경도 표현할 수 있을 만큼 발달한 것을 보니 민수의 외부환경에 대한 관심과
적응력이 증가했다는 것을 알 수 있었다

민수가 안정을 찾으니 외부환경을 인식하는 범위도 확대되고 그 표현도 섬세해졌다. 사각형으로 시작된 기차 그리기는 다양한 색칠 표현과 더불어 기차마다 다른 모습으로 표현할 수 있게

되었다. 좋아하던 아파트 그림도 달랑 사각형으로 시작했던 것에서 발전하여 주변 환경도 표현할 수 있게 되었다. 외부환경에 대한 관심이 증가했고, 그에 대한 적응력도 좋아졌다는 증거였다. 이제 민수가 중국으로 돌아가도 큰 무리 없이 새로운 환경에 적응할 수 있겠다는 생각이 들었다.

다양한 표현을 위해 시작한 모래놀이실에서의 언어치료 시간에도 민수는 이야기 속에 있는 공주님과 왕자님은 물론 마법사를 만나고 도둑과 경찰이 되어 쫓고 쫓기는 놀이를 진행하였다. 물 위에 다리를 놓고 산을 만들어 모래를 뿌리다가 "선생님 비가 와요!"라고 말하며 편안한 표정을 짓기도 하였다.

"선생님 좋아요."

가만히 모래를 만지던 민수는 언어치료사에게 속삭이듯 이야기했다. 소곤소곤 민수가 전한 "좋아요"라는 한 마디에 언어치료사는 민수가 훌쩍 자랐음을 느꼈다고 했다. 민수와 함께한 2년의 세월이 머릿속에 흘러갔고, 민수에게 미안했던 것들이 하나 둘씩 떠올랐다고 했다.

이별은 언제나 잔혹하다. 잘해주었던 것보다 잘해주지 못한 것만 마음에 남아 빚이 되기 때문이다. 이별을 준비하는 민수에게 해주지 못한 것은 무엇인지, 더 해줄 수 있는 것은 없는지······ 이별을 준비하는 우리들의 마음도 바빠지기 시작했다.

## 졸업, 그리고 새로운 출발

"민수가 많이 컸어요. 중국에 가서도 잘할 수 있을까요?"

민수 모자가 출국하기 한 달 전, 나는 민수 어머니와 마지막 부모교육과 상담 시간을 가졌다. 출국 날짜가 다가오면서 민수 어머니는 점점 근심이 많아졌다. 민수가 중국 유치원에 잘 적응할 수 있을지 알 수 없었고, 중국에서는 한국처럼 더 이상 체계적인 치료교육을 받지 못할 것이라는 사실에 불안해했다.

"민수 어머니가 잘해야지요. 민수도 이곳에서 보고 배운 것이 많지만, 민수 어머니도 많이 배우셨잖아요. 어머니가 제일 좋은 치료사에요. 욕심과 기대로 서두르지만 않으면 민수 어머니는 최고의 치료사가 될 수 있어요!"

나의 질책과 칭찬이 섞인 말에 민수 어머니는 빙그레 미소를 지었다.

"처음 한국에 왔을 때는 1년만 치료받으면 다 나을 수 있을 것이라고 생각했어요. 지금 생각하면 그게 얼마나 허무맹랑한 꿈이었는지…… 그렇지만 이제는 진짜 희망을 찾은 것 같아요. 앞으로 선생님들 없는 곳에서 민수랑 단둘이 헤쳐 나가야 하지만, 용기내 볼래요. 원장 선생님 말씀처럼 3년 전에 비해 아이도 달라지고 저도 달라진 것 같아요."

지속적인 행동치료를 통해 일관적인 태도로 민수의 문제행동을 조절할 수 있게 된 민수 어머니는 3년 전과 비교하여 몰라볼 정도로 자신감에 차 있었다. 민수의 장애를 고쳐내야 할 문제로 보지 않고 한 부분으로 받아들인 민수 어머니는 민수의 장애를 조절하고 관리할 수 있는 힘을 얻은 것 같았다. 어머니가 달라지자 민수도 변하기 시작했다. 어머니를 더 이상 금지와 제지를 일삼는 잔소리꾼으로 인식하지 않고 엄마의 칭찬을 받기 위해 노력하는 여느 일곱 살 소년의 모습을 보이기 시작한 것이다.

여전히 알 수 없는 미래였지만, 민수 어머니는 용감하게 내일을 맞을 준비를 하고 있었다. 어쩌면 희망의 다른 이름은 용기일지도 모른다. 할 수 있다는 자신감과 해야 한다는 책임감이 민수 어머니를 어느 때보다 용감하게 만들었고, 그 용기 앞에서 내일의 불안은 사라지고 있었다.

얼마 후 버들어린이집에서 민수의 졸업식이 열렸다. 2년 넘게 민수의 치료를 맡았던 언어치료사와 놀이치료사가 민수의 졸업식장을 찾았다. 졸업식을 앞두고 걱정하는 민수 어머니에게 "민수는 잘할 거예요. 걱정하지 마세요"라고 용기를 주었지만, 막상 졸업식장에 들어서니 치료사들도 긴장이 되었다.

졸업장을 받고 그동안 준비해온 장기자랑을 학부모와 어린이집 교사 앞에서 선보이는 자리, 민수가 혹시라도 치료사들이 온 것을 발견하고 예상치 못한 상황에 돌발행동을 하면 어쩌나 두 치료사는 조마조마했다. 두 치료사는 눈빛을 교환하며 서로를 위로했다.

"잘하겠지?"

치료사들의 우려와는 달리 민수는 무대 앞 자신의 자리에 앉아서 친구들의 공연도 지켜보고 박수도 치면서 잘 참고 기다렸다.

마침내 민수의 발표 차례! 민수는 제일 먼저 입장하여 자리를 잡은 후 음악에 맞추어 친구들과 함께 공연을 시작하였다. 그 또래의 아이들이 그러하듯이 가끔 다른 곳을 보느라 몇 번 순서를 놓치기도 했지만 친구들을 곁눈질해 따라 하며 훌륭하게 졸업발표를 마쳤다. 누가 말해주지 않으면 민수가 자폐스펙트럼 장애를 갖고 있다는 것을 모를 정도로 의젓한 모습이었다. 졸업식에 참석한 치료사 모두 대견한 민수의 모습에 울컥해졌다. 흐르는 눈물을 남몰래 감추며 민수 어머니를 바라보니 아니나 다를까, 민수 어머니의 얼굴은 이미 눈물로 범벅이 되어 있었다. 어떤 상황이 벌어져도 꾹 참고 견뎠던 민수 어머니는 민수의 의젓한 모습에 그동안 참았던 눈물을 그날 모두 터뜨린 것이다.

발표를 무사히 끝낸 민수는 자신을 보러 와준 치료사들을 보자 눈을 크게 뜨며 기뻐했지만, 금세 자기가 좋아하는 친구의 곁으로 가서 앉았다.

"민수야, 네 자리 거기 아니야. 여기 앉아."

친구들이 민수의 자리를 알려주자 머쓱한 표정을 지으며 치료사를 흘낏 보고 자리를 옮겨 앉기도 했다.

그 말을 전해들으며 나는 민수가 많이 성장했음을 다시 한 번 느꼈다. 그리고 민수가 성장한 만큼, 이제 정말 민수를 떠나보내야 하는 시간이 다가왔음을 알았다.

민수의 출국일이 다가오면서 치료사들도 바빠졌다. 치료사들은 각각 민수의 치료교육 과정을 민수가 입학할 유치원과 초등학교에 안내하기 위해 그동안의 과정을 촬영하여 CD로 만들어 민수 어머니에게 전달했다. 또 몇몇 치료사는 민수가 잘하는 것과 못하는 것, 그리고 앞으로의 지도방향을 적은 편지를 써서 전달했다. 모두 민수가 중국에서 잘 적응할 수 있기를 바라는 마음이었다.

그리고 마지막 통합전문가회의에서 우리는 아이코리아 김태련 회장 이름으로 민수 어머니에게 '장한 어머니상'을 수여했다. 3년간의 치료를 마치고 홀로서기의 길을 들어가는 민수 어머니에게 용기를 북돋아주기 위한 우리의 작은 마음이었다. 중국에서 민수의 '치료'를 목적으로 국경을 넘어 한국행을 선택하고, 그 오랜 치료기간 동안 한 번도 빠짐없이 항상 치료시간보다 일찍 민수와 연구원에 도착하여 치료를 기다리고 있던 민수 어머니의 사랑과 헌신은 긴 세월 자폐스펙트럼 장애를 치료해온 전문치료사들조차 좀처럼 만나기 어려운 경험이었고, 그 덕에 우리 역시 많은 희망과 용기를 얻을 수 있었다. 우리는 민수 어머니에게 얻은 희망과 용기를 '장한 어머니상'에 담아 돌려드리고 싶었다.

마지막 놀이치료를 마치면 민수는 중국으로 돌아간다. 이제 3

년 동안 함께 했던 시간은 추억으로 자리 잡을 것이다.

"기분이 어떻니 민수야?"

놀이치료사는 언제나처럼 민수의 기분을 물었다. 기분 좋은 날도 화가 난 날도 언제나 '좋아요!'를 외쳤던 민수, 그러나 마지막 날은 답이 달랐다.

"민수 슬퍼요, 가기 싫어요. 서울이 좋아요."

민수의 말에 놀이치료사는 웃을 수도 울 수도 없었다. 민수가 자신의 상황을 파악하고 그 마음을 표현할 수 있게 되었지만, 그 상황이 '이별'이라는 것이 못내 가슴이 아팠다.

그날 민수는 '집'을 만들었다. 놀이치료사와 함께 모래 상자 안

● 마지막 놀이치료 시간에 민수가 만든 집. 곧 한국을 떠나야 한다는 아쉬움과
다시 중국에서 가족과 함께 살 수 있다는 설렘이 함께 표현되어 있던
민수의 마지막 모래놀이 치료 작품이다

에서 집을 꾸민 민수는 거기에 가구를 놓고 인형을 의자 위에 여러 명 앉혀 대가족의 모습을 만들었다. 또 엄마는 요리하고 아빠는 차를 타고 어딘가로 가는 모습도 꾸몄다. 민수가 꾸민 작은 세계에는 서울을 떠나는 아쉬운 마음과 가족이 있는 중국으로 돌아간다는 설렘이 교차하고 있었다. 어느 때보다 차분히 놀이를 마치는 민수의 모습을 보면서 놀이치료사는 민수의 내일에 대한 희망을 품었다. 나 또한 치료실 밖에서 민수의 마지막 치료시간을 지켜보며 그 희망의 실체를 느낄 수 있었다.

민수는 또래와 비교하면 아직도 할 줄 아는 것보다 할 줄 모르는 것이 더 많다. 발음도 어눌하고 질문에 제대로 답을 하지 못하는 경우도 있다. 가끔은 부적응행동도 하고 아직 정서반응도 서툴다. 그러나 중요한 것은 무엇을 잘하느냐가 아니다. 민수는 이제 '오늘'을 이해하고 '내일'을 기다리고 있다. '내일을 기다릴 줄 아는 아이'에게는 함부로 한계를 이야기할 수 없다.

지금, 민수와 민수 어머니는 연구원에서 그랬듯이 중국에서도 '오늘'보다 나은 '내일'을 위해 용감하게 헤쳐 나가고 있다. 힘들고 어려운 시간은 더 나아지기 위한 과정이라고 여기며 한 번도 꾀를 부린 적도, 용기를 잃은 적도 없었다. 오늘보다 나은 내일을 위해 치열하게 어려움을 헤쳐나간 모자를 곁에서 지켜 보았다는 것, 그리고 그들에게 도움이 될 수 있었다는 것은 우리에게도 큰 축복이었다. 자폐스펙트럼 장애아동을 치료하는 진정한 목표는 무엇인지 우리에게 다시 깨닫게 해준 민수가 중국으로 돌아가는 날, 우리는 있는 힘을 다해 그 모자의 앞날을 응원해주었다.

: 에필로그 :

# 오늘을 이해하고 내일을 기다리는 아이

　요즘 민수네는 축하할 일이 많다. 한국과 달리 가을에 신학기를 시작하는 중국에서 민수는 2012년 9월 초등학교에 입학했다. 민수가 중국으로 돌아가서 유치원에 입학했을 때, 민수 어머니는 연구원 치료사들이 만든 치료 동영상을 중국 유치원 선생님에게 보여주었다. 그 유치원에서는 당황한 듯 우리는 이렇게 하지 못한다고 손을 내저으며, 민수가 유치원에 잘 적응할 수 있을지 장담할 수 없다고 했다. 하지만 민수는 주변의 염려와 달리 중국 유치원에 무사히 적응한 후 큰 사건 없이 졸업했다.
　"운이 좋았어요."
　한국계와 중국계 학교를 놓고 고민하던 민수 어머니는 오랜 고민 끝에 민수를 한국계 초등학교에 입학시켰다. 민수에게 익숙한 한국어를 쓰는 한국계 학교가 지금 상황에서 가장 좋을 것이라고 판단한 것이다. 한국계 학교에 입학하기 위해 민수 어머니는 C시에서 멀리 떨어진 H시에 삶의 터전을 잡았고, 가족은 또 다시 생이별을 감수했다. 민수를 위해 부모님이 다시 한 번 희생을 선택한 것이다. 그렇지만 희생한 만큼 행운도 따라주었다.

민수의 초등학교 1학년 담임교사는 민수 어머니의 고등학교 동창이었다. 우연히 만난 동창에게 민수 어머니는 민수의 모든 사정을 가감없이 솔직하게 이야기했다. 민수의 사정을 알게 된 담임교사는 그 사정을 헤아리겠다고 했다. 아직 자폐스펙트럼 장애에 관한 사회적 인식이 넓지 않은 중국에서 민수 어머니는 천군만마를 얻은 듯한 기분이었다.

민수는 중국으로 돌아간 후에도 방학 때면 시간을 내어 치료를 받기 위해 연구원을 다시 찾고 있다. 예전처럼 꽉 짜인 치료가 아니라 초등학교 생활에서 받을 수 있는 마음의 상처와 스트레스를 풀기 위해 놀이치료와 함께 좀 더 세심하고 명확한 표현을 쓰며 말을 할 수 있도록 언어치료를 병행하고 있다. 물론 놀아야 할 방학에 공부하기 좋아하는 여덟 살 어린이가 어디 있을까만은, 연구원을 찾는 민수의 얼굴은 언제나 밝다.

"안녕하세요."

지난겨울, 오랜만에 연구원을 찾은 민수는 여전히 환하게 웃고 있었다.

"민수 오랜만이네, 잘 있었어?"

"네."

민수 어머니의 성화에 민수는 나와 눈을 맞추고 인사를 하긴 했지만 관심은 어느새 다른 곳을 향하고 있었다. 처음 이곳을 찾아왔을 때만 해도 새로운 공간에 낯설어하며 비눗방울 놀이만 하려던 아이는 온 데 간 데 없고, 초롱초롱한 두 눈이 호기심으로 가득 차 치료실 이곳저곳에 관심을 보이는 소년이 서 있었다.

"민수야, 학교생활은 어때?"

궁금한 것이 많았지만 민수는 이야기해 줄 생각이 없는 듯했다. 몸은 원장실에 있었지만 고개는 자꾸 익숙한 치료실로 향하고 있었기 때문이다. 나는 어쩔 수 없이 민수를 보내주었다.

"그래 민수야, 놀이치료 선생님하고 언어치료 선생님에게도 인사드려야지."

나의 말이 떨어지기가 무섭게 민수는 원장실을 박차고 나갔다.

"그럭저럭 해 나가고 있어요."

민수의 학교생활을 묻자 민수 어머니는 대수롭지 않다는 듯 이렇게 대답했지만 눈에는 민수에 대한 자부심이 가득했다. 우리와 학제가 다른 중국은 초등학교 1학년부터 하루 7교시의 강행군 수업을 한다고 했다. 처음에는 물건을 이것저것 부수어 학교를 수차례 드나들었지만, 한 학기가 지나자 학교생활에 적응한 듯 점차 그런 일도 사라졌다고 했다. 또한 중간고사 때는 모든 과목을 90점 이상 받았다는 이야기도 덧붙였다.

"백점 받은 애들도 많아요. 그냥저냥 열심히 하는 거죠."

치료사들이 박수를 치며 놀라워하자 과한 칭찬이 부담스러운 듯 말끝을 흘렸지만 민수 어머니도 꽤 자랑스러운 눈빛이었다.

"그냥 만족하고 사는 법을 배운 것 같아요. 3년 전만 해도 내가 다시 웃는 날이 올까⋯⋯ 세상을 원망하고 억울해했는데, 진단

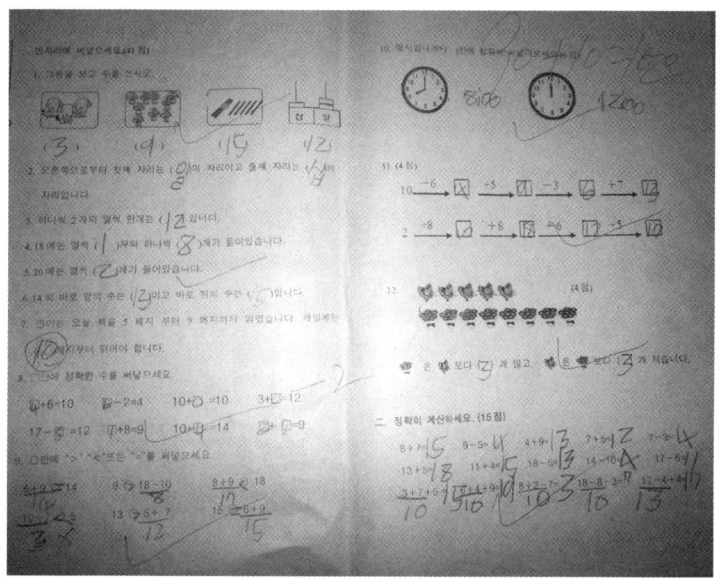

● 민수의 1학년 1학기 수학시험지

을 받고 치료를 받으면서 욕심내지 않고 만족하는 법을 알게 되었어요. 남들 눈에는 어떻게 보일지 모르지만, 저는 민수가 자랑스럽고 지금은 만족해요."

만족하는 법을 배운 사람의 얼굴에는 미소가 흐른다. 서울에서 민수와 하루하루 씨름을 벌이던 때와 달리, 민수 어머니의 얼굴은 편안해져 있었다. 어머니의 변화가 민수 덕분인지, 민수의 변화가 어머니 덕분인지 알 수는 없지만 중국으로 돌아간 민수는 많은 발전과 성과를 거두었다. 읽기와 쓰기가 강조되는 학교 수업을 받고 있고, 새로운 친구들과 어울리다 보니 발음과 표현력도 몰라보게 좋아졌다. 중국어를 배우는 속도 또한 한국어를

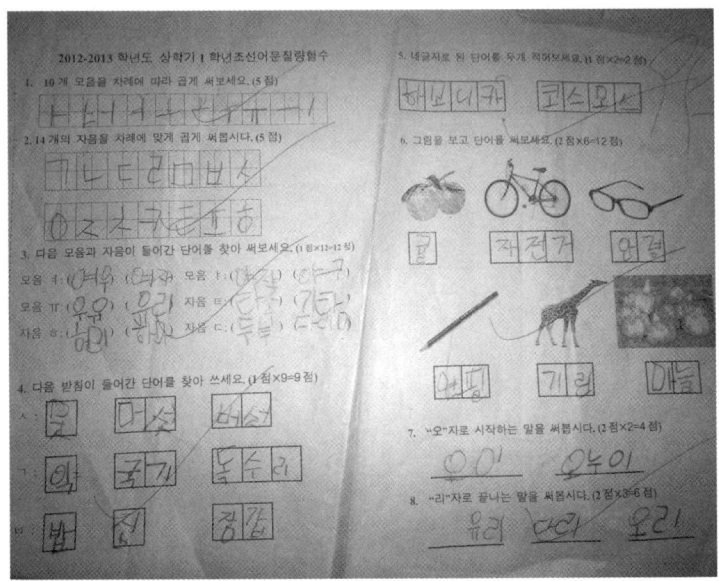

● 99점을 맞은 민수의 1학년 1학기 어문 기말 시험지

시작할 때와 비교할 수 없을 정도로 빨라서 민수 어머니가 한시름 놓았다고 한다.

"중국 아이들이 여기 아이들보다는 억세더라고요. 그래서 민수가 그 아이들 사이에서 많이 힘들어 했어요."

이번 방학에는 민수가 서울에서 실컷 놀고 갔으면 좋겠다고 어머니는 말했다. 민수의 성과는 연구원을 찾는 비슷한 사례의 아동과 보호자에게 찬탄과 부러움을 일으키고 있다. 민수 어머니는 그들에게 상담사 역할을 마다하지 않는다. 같은 장애를 가지고 있는 보호자에게 민수는 롤 모델이나 마찬가지이기 때문이다. 다들 민수만큼 되었으면 좋겠다고 말하면 민수 어머니는 솔직하고 성실하게 민수의 이야기를 들려주고 있다. 민수도 말문이 열리지 않아 힘들었던 시간이 있었다고, 고쳐지지 않는 문제행동 때문에 마음 아팠던 시간이 있었다고 말이다. 그렇지만 그럴 때마다 끊임없이 치료사들과 상담하며 마음을 다잡았다는 이야기를 그녀는 빠뜨리지 않았다. 민수 어머니는 민수의 이야기를 담은 이 책의 출간을 허락하면서 당부를 잊지 않았다.

● 민수의 한글 받아쓰기. 민수는 중국의 한국계 학교에서 읽기와 쓰기가 강조되는 교육을 받고 있다

"자폐스펙트럼 장애치료는 보호자가 아무리 노력한다고 해도 다 좋은 결과를 얻지는 못해요. 저보다 더 열심히 노력했던 보호

자가 있었는데, 민수만큼 성과를 얻지 못했으니까요. 그리고 저는 3년이라는 기간을 한정하고 왔기 때문에 민수에게 할 수 있는 치료는 다 했어요. 비용도 만만치 않게 들었지요. 모든 어머니가 저처럼 원 없이 아이를 치료할 수는 없을 텐데…… 보호자들에게 괜한 희망만 주는 게 아닌가 걱정이 됩니다."

솔직하고 성실한 민수 어머니다운 염려였다. 그 이야기도 빠뜨리지 않고 꼭 넣겠다고 이야기하자 부끄러운 듯 "알아서 잘하시겠죠"라고 말을 덧붙였다.

"가기 싫어요. 서울이 좋아요!"
서울에서의 모든 일정을 마치고 다시 중국으로 가기 전, 민수의 얼굴에는 또 다시 눈물이 그렁그렁 맺혔다. 이번 일정에서 함께 역통합수업을 했던 형에게 존댓말로 꼼꼼히 편지를 써서 고마움을 전하기도 한 민수는 중국으로 돌아가기 싫다고 치료사에게 안겨 떼를 썼다. 이제 민수는 누가 일러주지 않으면 자폐스펙트럼 장애를 가지고 있다는 것을 알 수 없을 만큼 말의 표현도 또렷해지고 정서 표현도 풍부해져 있었다. 헤어짐은 늘 아쉬운 법이지만, 우리는 또 다시 만날 날을 기약하면서 밝은 얼굴로 웃으며 민수를 중국으로 보낼 수 있었다.

우리가 민수와 민수 어머니를 다시 만나려면 한참을 기다려야 할 것 같다. 민수는 지난 6월에 형이 되었기 때문이다. 2012년 겨울, 민수에게 동생이 생긴다는 기쁜 소식을 알려주더니 민수 어머니는 올해 민수에게 귀여운 남동생을 안겨주었다. 다른 사람에게 관심을 갖지 않던 민수지만, 동생이 생긴다는 말에 남동생이면 더 좋을 것 같다고 이야기한 적이 있는데 그 바람이 현실이 되었으니 다행이다.

"몇 년 전만 해도 민수 동생을 낳으라고 하면 '지금 민수를 포기하라는 건가' 하는 생각에 기분이 좋지 않았어요. 그렇지만 살다 보니 이런 날도 오네요."

늦둥이 소식으로 축하를 보내는 사람들에게 민수 어머니는 쑥스러운 듯이 말을 아꼈다.

내가 민수를 처음 본 2008년에는 상상하지도 못했던 일들이 지금은 조금씩 현실이 되어가고 있다. 전형적인 자폐스펙트럼 장애 증상을 보이던 민수가 이제는 또래 친구들과 큰 차이 없이 일상생활을 거뜬히 하고 어려운 학교 공부도 크게 뒤처지지 않게 따라가고 있다. 중국으로 떠나는 민수를 보며 나는 민수의 미래가 궁금해졌다.

나는 민수 어머니에게 꿈이 무엇이냐고 물었다.

"자폐스펙트럼 장애인인데도 대학에 입학한 학생이 있다고 안동현 교수님이 말해주셨어요. 저도 민수를 건강하게 키워서 나중에 한국의 대학으로 유학을 보내는 것이 꿈이에요. 우선은 그때까지만 생각하기로 했어요."

자폐스펙트럼 장애를 가진 아이를 키우는 보호자의 진정한 꿈은 아이의 자립이다. 아직 장애인에 대한 편견과 선입견이 많은 중국은 물론이고 우리나라에서도 자폐스펙트럼 장애인의 자립은 쉽지 않다. 그러나 민수 어머니는 이미 스무 살 청년의 모습까지 민수의 미래를 상상하고 있었다. 그녀는 민수를 대학에 입학시키는 것을 자립의 목표로 계획한 듯했다. 그 꿈이 현실이 되는 날까지, 나를 비롯한 전문가 모두 민수에게 필요한 도움을 아끼지 않을 것이다. 민수는 연구원에서 치료를 받은 한 명의 자폐스펙트럼 장애아동이 아니라, 우리 모두에게 잊고 있던 진리를 깨우쳐준 고마운 존재이기 때문이다.

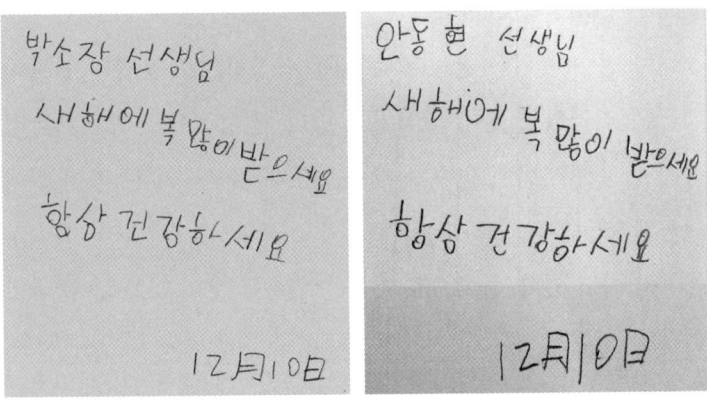

● 2012년 연말, 중국에서 민수가 나(왼쪽)와 안동현 교수(오른쪽)에게 보낸 새해 인사 카드. 또박또박 눌러 쓴 한글과 내용을 보니, 민수가 중국에서 한결 더 성장한 것 같아 뿌듯함이 느껴졌다

민수 어머니의 이야기처럼 보호자와 아이가 함께 노력한다고 해도 모두 민수와 같은 성과를 얻는 것은 아니다. 그리고 민수가 '특별'한 이유는 그 성과 때문이 아니라는 것을 우리는 알고 있다.

흔히 장애인에게는 '꿈과 미래'를 묻지 않는다. 하루하루 닥치는 일상도 어렵고 벅찬 그들에게 미래를 묻는 것은 지나친 희망이 아니냐고 생각하는 사람들이 많다. 그렇지만 민수 어머니와 민수는 힘들고 어려운 일상을 겪으면서도 꿈을 포기하지 않았고, 작고 소소해도 그 꿈을 하나하나 현실로 만들어갔다. 민수와 민수 어머니는 그 순간순간을 함께 한 우리에게 감동을 주었고, 치료교육 전문가인 우리가 가져야 할 마음가짐을 다시 일깨워 주었다. 그 점이 우리가 만난 민수의 기적이었다.

 오늘을 이해하고 내일을 기다리는 아이 이민수, 우리도 민수의 내일을 기쁜 마음으로 함께 지켜볼 것이다.

# 안동현 교수와의 Q&A

**1) 자폐스펙트럼 장애가 최근에 와서 꾸준히 늘고 있는 이유는 무엇인가요?**

아직 의견이 분분합니다만, 장애에 대한 인식이 높아지고 질환의 진단방법이 정교해진 것이 가장 큰 이유라고 생각합니다. 실제 자폐스펙트럼 장애가 증가했는지의 여부에 대해서 예를 들어보겠습니다. 중국의 경우 2011년 기준으로 여전히 1만 명당 6.4명의 유병률을 보이고 있습니다. 사하라 사막 이남에는 자폐스펙트럼 장애에 대한 보고가 없지만 우간다에서는 자폐스펙트럼 장애가 증가하고 있습니다. 또한 스웨덴에 거주하고 있는 소말리아계 사람들의 자녀에게서도 자폐스펙트럼 장애 발생이 증가한 것을 알 수 있습니다. 이를 보면 뚜렷한 증가세에 대한 합치된 의견은 아직 없다고 볼 수 있습니다.

2) 자폐스펙트럼 장애는 조기에 발견하고 치료하는 것이 중요하다고 하는데, 치료하기에 가장 좋은 시기가 있을까요?

2011년 미국 AHRQ(Agency for healthcare Research and Quality, 국내의 경우 한국보건의료원과 유사한 기관)에서 수행된 자폐스펙트럼 장애아동의 치료 보고서에는 이런 이야기가 실려 있습니다. 그동안 시행되었던 159편의 연구를 검토한 결과, 아직 확실한 결론을 내리기는 다소 부족하지만 2세 이전에 행하는 집중적인 치료가 자폐스펙트럼 장애에 매우 효과적이라는 보고입니다.

하지만 치료에 어느 시점을 넘기면 안 된다는 기준은 없습니다. 다만, 자폐스펙트럼 장애인이 사회에서 잘 적응하며 살아가려면 개인화 그리고 맥락화가 중요한데, 치료가 늦어지면 늦어질수록 개인화와 맥락화를 달성하기 어려워질 수도 있습니다.

3) 사례마다 모두 다를 수 있겠지만, 자폐스펙트럼 장애의 원인은 대체적으로 무엇인지요?

우선 유전적 요인이 매우 높습니다. 예를 들면 형제의 경우 자폐스펙트럼 장애에 함께 걸릴 확률이 50~200배, 일란성 쌍생아의 경우 일치율이 36~96%, 이란성 쌍생아의 경우 0~27%로 조사되었습니다. 두 번째로 뇌신경학적 이상의 경우 뇌의 신경회로 이상이 원인으로 보고되고 있습니다. 그외 환경적 요인을 많이 꼽습니다. 한동안 MMR 예방접종이 자폐스펙트럼 장애의 원인이 된다는 주장이 있었지만, 수년간의 후속 연구를 통해 검증한 결과 '근거 없음'으로 판명되어 2011년 이 논문은 공식적으로 철회되었습니다.

기타 관련이 있거나 발병과 일부 관련되는 원인으로 다음과 같은 것들이 거론됩니다. 형제관계나 부모의 정신질환, 부모 연령이 40세 이상이거나 미숙아 내지 저

체중아로 태어난 경우 등입니다.
자폐스펙트럼 장애가 부모의 잘못된 양육에서 온다는 오해도 있었으나, 이후 많은 후속 연구에 의해 이는 명백한 오류임이 밝혀졌습니다.

## 4) 자폐스펙트럼 장애진단을 받거나 유사한 증상을 보이는 아이들의 영유아기 때는 어떤 교육과 치료가 필요할까요?

미국 UCLA대학의 Lovaas model, ESDM(Early Start Denver Model) 등과 같이 인지적 수행과 언어 능력 및 적응 행동을 높이기 위한 치료 교육이 가장 바람직합니다. 유럽자폐증협회에서는 좋은 치료의 원칙으로 첫째, 개별화(Individuation) 둘째, 구조화(Structure) 셋째, 적절한 강도 및 일반화(Intensity&generalization) 넷째, 가족의 참여(Family participation)를 제시하고 있습니다. 자폐스펙트럼 장애아동이 받고 있거나 시행하고자 하는 교육과 치료가 이러한 원리에 입각하여, 아동의 인지적 수행과 언어 능력 및 적응 행동을 높이기 위한 포괄적인 프로그램인지를 보호자가 꼼꼼하게 살펴보면 좋겠습니다.

내일을 기다리는 아이

1판 1쇄 발행 2013년 10월 1일
1판 3쇄 발행 2018년 3월 15일

| | |
|---|---|
| 지은이 | 박랑규, 안동현 |
| 펴낸이 | 이영희 |
| 편집 | 이소정 |
| 펴낸곳 | 도서출판 이랑 |
| 주소 | 서울시 마포구 독막로 10(성지빌딩 608호) |
| 전화 | 02-326-5535 |
| 팩스 | 02-326-5536 |
| 이메일 | yirang55@naver.com |
| 등록 | 2009년 8월 4일 제313-2010-354호 |

● 이 책에 수록된 본문 내용 및 사진들은 저작권법에 의해 보호받는 저작물이므로 무단전재와 무단복제를 금합니다.
● 잘못된 책은 구입하신 곳에서 바꾸어 드립니다.
● 책값은 뒤표지에 있습니다.

ISBN 978-89-98746-03-2  13370

「이 도서의 국립중앙도서관 출판시도서목록(CIP)은 서지정보유통지원시스템 홈페이지(http://seoji.nl.go.kr)와 국가자료공동목록시스템(http://www.nl.go.kr/kolisnet)에서 이용하실 수 있습니다.
(CIP제어번호: CIP2013017420)」